EL MEJOR LIBRO DE COCINA DE QUESO AMERICANO

Desde hamburguesas clásicas hasta queso asado gourmet, descubra el rico y delicioso mundo del queso americano

María Carmen Suarez

Material con derechos de autor ©2023

Reservados todos los derechos

Ninguna parte de este libro puede usarse ni transmitirse de ninguna forma ni por ningún medio sin el debido consentimiento por escrito del editor y del propietario de los derechos de autor, excepto las breves citas utilizadas en una reseña. Este libro no debe considerarse un sustituto del asesoramiento médico, legal o de otro tipo profesional.

TABLA DE CONTENIDO

TABLA DE CONTENIDO 3
INTRODUCCIÓN 6
DESAYUNO Y BRUNCH 7
   1. Huevo horneado BLT 8
   2. Soufflé de huevo al horno 10
   3. Jamón Crema Sobre Tostada 12
   4. Acampar demonios con queso 14
   5. Galleta de desayuno 16
   6. McMuffin de huevo 18
   7. Cazuela de desayuno con freidora 20
   8. Quiche de coles con jamón 22
   9. Cazuela De Jamón Y Patatas 24
   10. Pizza de desayuno estilo campestre 26
   11. Horneado de muffins ingleses y espárragos 28
   12. Tortilla de jamón y queso con melena de león 30
   13. Crepe de pavo delicatessen 32
   14. Croissants De Jamón Y Queso 34
   15. Quiche Lorena 36
   16. Huevos Revueltos Con Jamón 38

APERITIVOS, BOCADOS Y BOCADILLOS 40
   17. Canapés de mariscos a la parrilla 41
   18. Perros de queso envueltos en tocino 43
   19. Molinetes de tortilla de queso 45
   20. Palomitas de maíz con queso y tocino 47
   21. Papas fritas de la feria estatal 49
   22. Weenie asado con tocino y queso 51
   23. Molinetes de pizza ranchera 53
   24. Deslizadores de pavo con batata 55
   25. Sándwiches de manzana, jamón y queso 57
   26. Nachos con filete de queso Filadelfia 59
   27. Bolas de queso para cóctel 61
   28. Clubes de tomate Hassel back 63
   29. Hojaldres de champiñones y cebolla 65
   30. Dulce de mantequilla de maní 67

SALSAS Y QUESO 69
   31. Salsa de queso de pub 70
   32. Chile con queso 72
   33. Chile con queso Tex-Mex 74
   34. Salsa De Maíz Picante 76
   35. Salsa De Queso Con Pimientos 78

36. Salsa de queso y cerveza 80
SANDWICH, HAMBURGUESAS Y WRAPS 82
37. Sándwich de tomate y queso americano a la parrilla 83
38. Sándwich de tortilla y bagel rápido 85
39. Hamburguesas totalmente americanas 87
40. hamburguesa de desayuno 90
41. Héroe del queso asado spam 92
42. Pesto Provolone 94
43. Imitador en N' Out Burger 96
44. Burritos de camote y huevo 99
45. Filete De Queso Estilo Filadelfia 102
46. Sándwiches de berenjena al horno 104
47. Hamburguesa De Filete De Pescado 107
48. PortobelloSándwich italiano 109
49. Masa madre, queso provolone y pesto 112
50. Jamón y queso picantes gourmet 114
51. Cubanos 116
52. Sándwiches calientes de fogata 118
PLATO PRINCIPAL 120
53. Pollo chisporroteante y queso 121
54. Fajitas De Pollo 123
55. Pastel De Carne Con Queso 126
56. Filete A La Parrilla Con Mantequilla De Queso Azul 128
57. Pechugas De Pollo Rellenas Con Queso 130
58. Cazuela De Pollo Y Brócoli Con Queso 132
ENSALADAS Y ACOMPAÑAMIENTOS 134
59. Patatas asadas con queso 135
60. Ensalada César con Crutones de Queso Americano 137
61. Ensalada de papa con queso americano y tocino 139
62. Maíz Asado Con Queso Americano Y Lima 141
63. Ensalada Cobb con queso americano 143
64. Ensalada de queso americano y brócoli 145
65. Ensalada de manzana y queso americano 147
PIZZA Y PASTA 149
66. Pizza de pepperoni y albahaca 150
67. Lasaña de pepperoni 152
68. Queso Macarrones Con Queso 154
69. Sándwich de desayuno de macarrones con queso 156
70. Macarrones con coliflor y brócoli 158
71. Macarrones con coliflor y brócoli 160
72. Linguini con salsa de queso 162
73. ñoquis de queso al horno 164

74. Pizzas fáciles y rápidas 166
SOPAS Y SOPAS **168**
75. Sopa de atún derretida 169
76. Sopa De Patata Dorada 171
77. Sopa De Fideos Con Verduras 173
78. Sopa de albóndigas con queso 175
79. Sopa de jamón y verduras de invierno 177
80. Sopa de pavo con acelgas 179
81. Sopa Rueben 181
82. Sopa de queso jalapeño 183
POSTRE Y HORNEADO **185**
83. Soufflé de fideos y champiñones 186
84. Cáscaras de tarta de queso 188
85. Habanero y Colby Jack Flan 190
86. Tarta de patatas alpina 192
87. Tartas de queso con hierbas 194
88. Tarta triple de champiñones 196
89. Perejil y flan suizo 198
90. Pastel de salchicha y jack 200
91. Capirotada mexicana 202
BEBIDAS Y CÓCTELES **204**
92. Vodka Martini con infusión de queso 205
93. Bloody Mary de queso asado 207
94. Bloody Mary de queso azul y tocino 209
95. Chocolate caliente con queso 211
96. Batido cremoso de queso americano 213
97. Martini de manzana y queso cheddar 215
98. Margarita de pomelo y queso 217
99. Toddy caliente con queso 219
100. Whisky Fizz con queso azul 221
CONCLUSIÓN **223**

INTRODUCCIÓN

Bienvenido al libro de cocina definitivo sobre queso americano. Si te encanta el queso y todo lo americano, entonces te espera un placer. En este libro, exploraremos las muchas formas deliciosas en que se puede utilizar el queso americano para cocinar y hornear, desde comidas reconfortantes clásicas como macarrones con queso y sándwiches de queso asado hasta creaciones más gourmet como soufflés de queso y fondue. Ya seas un chef experimentado o un novato en la cocina, este libro tiene algo para todos.

A lo largo de este libro, encontrarás recetas fáciles de seguir que te ayudarán a crear platos increíbles con queso americano. También le brindaremos consejos y trucos para trabajar con queso, incluido cómo derretirlo adecuadamente, qué tipos de queso funcionan mejor para diferentes platos y cómo almacenar el queso para mantenerlo fresco. Al final de este libro, será un experto en quesos y apreciará completamente el queso americano.

Así que prepárate para sumergirte en el mundo del queso americano y ¡manos a cocinar!

DESAYUNO Y BRUNCH

1. Huevo horneado BLT

INGREDIENTES:
- ¼ taza de mayonesa
- 5 rebanadas de pan tostado
- 4 rebanadas de queso americano procesado
- 12 tiras de tocino, cocidas y desmenuzadas
- 2 cucharadas de mantequilla
- 2 cucharadas de harina para todo uso
- ¼ cucharadita de sal
- ⅛ cucharadita de pimienta
- 1 taza de leche 2%
- 4 huevos grandes
- 1 tomate mediano, partido por la mitad y en rodajas
- ½ taza de queso cheddar rallado
- 2 cebollas verdes, en rodajas finas
- lechuga rallada

INSTRUCCIONES:

a) Precalienta el horno a 325°. Cubra una parte de cada rebanada de pan tostado con mayonesa. Cortar las tostadas en trozos pequeños.

b) Coloque las tostadas en un molde para hornear cuadrado de 8 pulgadas engrasado, con la mayonesa hacia arriba. Coloque rodajas de tocino y queso encima de cada tostada.

c) En una olla pequeña, derrita la mantequilla y luego mezcle la harina, la pimienta y la sal hasta que quede suave. Vierta la leche gradualmente.

d) Cocine hasta que la mezcla comience a hervir y luego continúe cocinando y revolviendo durante otros 2 minutos o hasta que la salsa espese. Rocíe la mezcla sobre el tocino.

e) En una sartén grande a fuego medio, fríe los huevos hasta lograr el punto de cocción deseado. Coloque los huevos sobre el tocino y cubra con rodajas de tomate, cebolla y queso cheddar. Hornea por 10 minutos sin tapar.

f) Cortar en cuadritos y decorar con lechuga al momento de servir.

2. Souffle de huevo al horno

INGREDIENTES:
- 12 rebanadas de pan blanco
- 2 cucharadas de mantequilla, ablandada
- 6 lonchas de jamón fiambre
- 6 rebanadas de queso americano
- 3 tazas de leche
- 4 huevos batidos
- sal y pimienta para probar

INSTRUCCIONES:

a) Unte un lado de cada rebanada de pan con mantequilla.

b) Coloque 6 rebanadas con la mantequilla hacia abajo en un molde para hornear de 13"x9" ligeramente untado con mantequilla.

c) Colocar encima el jamón y el queso. Cubra con el pan restante, con la mantequilla hacia arriba.

d) Batir la leche y los huevos hasta que estén espumosos; verter sobre todo.

e) Espolvorear con sal y pimienta.

f) Hornee, descubierto, a 350 grados durante 50 minutos o hasta que esté dorado.

g) Dejar reposar 5 minutos antes de servir.

3. Jamón Crema Sobre Tostada

INGREDIENTES:
- 1 taza de jamón completamente cocido picado
- ⅓ taza de pimiento verde picado
- ¼ taza de apio en rodajas
- 2 cucharadas de mantequilla
- 3 cucharadas de harina para todo uso
- 1-½ tazas de leche
- ¼ cucharadita de pimienta
- ¼ cucharadita de semilla de apio
- 1 huevo grande duro, picado
- 5 rebanadas de queso americano procesado, en cuartos
- 3 rebanadas de pan tostado, cortadas en triángulos

INSTRUCCIONES:

a) En una sartén, saltee el apio, el pimiento verde y el jamón en mantequilla durante 4-5 minutos.

b) Espolvorear con harina; bata hasta que esté burbujeante y suave. Agregue las semillas de apio, la pimienta y la leche; déjelo hervir. Cocine mientras revuelve durante 2 minutos.

c) Retirarse del calor. Pon el queso y el huevo; batir para derretir el queso. Sirva sobre tostadas.

4. Camping diablos con queso

INGREDIENTES:
- 4 rebanadas de pan
- 2 latas de jamón endiablado
- 1 tomate, en rodajas finas
- 4 rebanadas de queso americano blanco

INSTRUCCIONES:

a) Unte cada rebanada con un poco de jamón para untar, cubra con algunos de los tomates y luego con queso.

b) Envuélvalo sin apretar en papel de aluminio para que el queso no se toque.

c) Colóquelo en una rejilla para fogata durante 10 a 15 minutos.

5. Galleta De Desayuno

INGREDIENTES:
- 2 huevos grandes (separa la clara y la yema de un huevo)
- ¼ taza de queso crema ablandado
- 2 cucharadas de queso parmesano rallado
- ½ cucharadita de cáscaras de psyllium
- ½ cucharadita de vinagre de manzana orgánico
- Una pizca de levadura en polvo
- Una pizca de ajo en polvo
- Sal y pimienta para probar
- 1 cucharadita de aceite de oliva, más ½ cucharadita. para cocinar
- 1 rebanada de queso americano cortada por la mitad

INSTRUCCIONES:
a) En un tazón, mezcle la clara de un huevo, el queso crema, el parmesano, la cáscara de psyllium, la sidra de manzana, el polvo para hornear y el ajo en polvo. Combina bien.
b) Unte 2 moldes con aceite de oliva y vierta la masa preparada. Colóquelo en el microondas para cocinar durante 35 segundos a temperatura alta.
c) Calienta el aceite sobrante en una sartén antiadherente y agrega los huevos restantes y fríe hasta que estén a fuego medio.
d) Coloca las lonchas de queso y los huevos fritos encima de las galletas cocidas y sirve inmediatamente.

6. <u>McMuffin De Huevo</u>

INGREDIENTES:
- 1 muffin inglés, partido y tostado
- 1 rebanada de tocino canadiense
- 1 huevo
- 1 rebanada de queso americano
- Sal y pimienta para probar
- Mantequilla, para cocinar

INSTRUCCIONES:
a) Tuesta el muffin inglés hasta que esté ligeramente dorado.
b) Calienta una sartén pequeña antiadherente a fuego medio y agrega una pequeña cantidad de mantequilla.
c) Cuando la mantequilla se haya derretido, agregue el tocino canadiense a la sartén y cocine durante 1-2 minutos por cada lado hasta que esté ligeramente dorado. Retirar de la sartén y reservar.
d) Rompe el huevo en la sartén y cocina hasta que la clara esté cocida pero la yema aún esté líquida, unos 2-3 minutos. Condimentar con sal y pimienta.
e) Arma el sándwich colocando el huevo cocido en la mitad inferior del muffin inglés tostado, seguido de la rebanada de queso americano y luego el tocino canadiense. Cubra con la otra mitad del muffin inglés y sirva inmediatamente.

7. Freidora de aire Cazuela de desayuno

INGREDIENTES:
- 1 libra. Salchicha Molida
- 1 cucharadita de semilla de hinojo
- 1 pimiento verde cortado en cubitos
- ½ taza de queso Colby Jack, rallado
- ¼ de taza de cebolla picada
- 8 huevos enteros batidos
- ½ cucharadita de sal de ajo

INSTRUCCIONES:

a) Usando la función sartén de la freidora, agregue la cebolla y el pimiento y cocine junto con la salchicha molida hasta que las verduras estén suaves y la salchicha cocida.

b) Usando la sartén Air Fryer, rocíela con aceite en aerosol antiadherente.

c) Coloque la mezcla de salchicha molida en el fondo de la sartén. Cubra con queso.

d) Vierta los huevos batidos uniformemente sobre el queso y la salchicha.

e) Agregue las semillas de hinojo y la sal de ajo y cocine por 15 minutos a 390 grados.

8. Quiche De Coles Con Jamón

INGREDIENTES:
- 1 hoja de masa para tarta refrigerada
- 2 tazas de queso Colby-Monterey Jack rallado, cantidad dividida
- ¾ taza de jamón cocido en cubos
- 2 cucharadas de aceite de oliva
- 1 taza de col rizada picada congelada, descongelada y escurrida
- 1 cebolla pequeña, picada
- 1 diente de ajo, picado
- ¼ cucharadita de sal
- ¼ cucharadita de pimienta
- 6 huevos grandes
- 1 taza de leche 2%

INSTRUCCIONES:
a) Pon el horno a 375° y comienza a precalentar. Desenrolle la hoja de masa sobre un molde para pastel de 9 pulgadas; engarce el borde. Espolvorea sobre el fondo del molde para pastel forrado con masa una taza de queso. Espolvorear con jamón.

b) Calienta el aceite en una sartén grande a fuego medio-alto. Agregue la cebolla y la col rizada; cocine mientras revuelve hasta que la cebolla esté suave, aproximadamente de 5 a 7 minutos.

c) Agregue el ajo y cocine por 1 minuto. Incorpora la pimienta y la sal. Coloque capas de jamón con verduras.

d) Batir la leche y los huevos en un tazón grande hasta que se combinen.

e) Transfiera por encima. Esparcir con el resto del queso.

f) Hornee durante 35 a 40 minutos en la rejilla inferior del horno hasta que al insertar un cuchillo en el centro, éste salga limpio. Déjelo reposar durante 10 minutos antes de comenzar a cortar. Opción de congelación: Congele la quiche sin hornear con una tapa.

g) Para utilizarlo, sacar del congelador media hora antes de hornear (no descongelar). Pon el horno a 375° y comienza a precalentar. Poner quiche en un

h) bandeja para hornear. Hornee según las instrucciones, estableciendo el tiempo entre 50 minutos y una hora.

9. Cazuela De Jamón Y Patatas

INGREDIENTES:
- ¼ taza de mantequilla, en cubitos
- ¼ de taza de harina para todo uso
- 1 cucharadita de sal
- ¼ cucharadita de pimienta
- 1-½ tazas (12 onzas) de crema agria
- 4 onzas de queso procesado (Velveeta), en cubos
- 1 taza de queso Colby rallado
- 8 huevos grandes duros, picados en trozos grandes
- 3 tazas de papas cocidas en cubitos
- 2 tazas de jamón cocido en cubitos
- 2 cucharadas de cebolla picada seca
- 2 cucharadas de perejil fresco picado

INSTRUCCIONES:

a) Derrita la mantequilla a fuego medio en una cacerola grande. Agrega la pimienta, la harina y la sal hasta que la mezcla esté suave.

b) Durante 1 a 2 minutos, revuelva y cocine. Retirar del fuego; mezcle el queso y la crema agria.

c) A fuego lento, cocina y revuelve hasta que la mezcla esté espesa y el queso se derrita. Retirar del calor. Agrega las patatas, el perejil, los huevos, la cebolla y el jamón.

d) Coloque en un recipiente engrasado de 2 cuartos. Plato de hornear.

e) No cubra, hornee a 350 grados hasta que los bordes se doren y burbujeen, de 30 a 35 minutos.

10. Pizza de desayuno estilo campestre

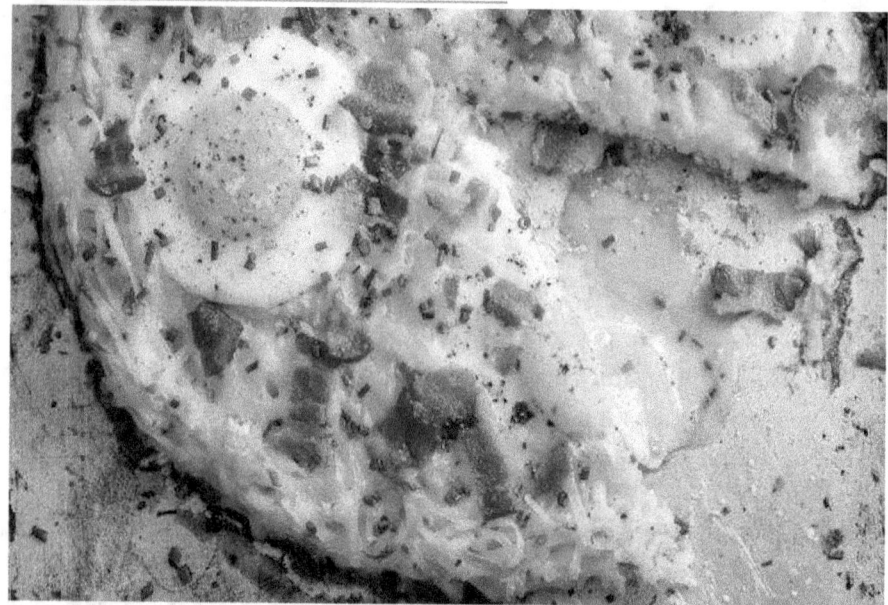

INGREDIENTES:
- Tubo de masa para masa de pizza refrigerada de 13,8 onzas
- Opcional: sal de ajo al gusto
- Paquete de 24 onzas. puré de patatas refrigerado
- 10 huevos batidos
- Opcional: verduras picadas, jamón cocido o salchicha
- Paquete de 8 onzas. queso Colby Jack rallado
- Paquete de 4 onzas. trozos de tocino desmenuzado
- Adorne: tomates en rodajas, cebolla verde picada

a) Extienda la masa de pizza en un molde para pizza rociado con spray vegetal antiadherente; espolvoree con sal de ajo, si lo desea, y reserve.

b) Coloque el puré de papas en un recipiente apto para microondas; Cocine en el microondas a temperatura alta durante unos 3 minutos, hasta que esté completamente caliente.

c) Unte las patatas sobre la masa. Cocine los huevos como desee, agregando verduras, jamón o salchicha, si lo desea. Distribuya la mezcla de huevo uniformemente sobre las patatas.

d) Espolvorea con queso; cubra con tocino. Hornee a 350 grados durante 22 a 25 minutos, hasta que el queso se derrita y la corteza esté dorada. Adorne con tomates en rodajas y cebollas verdes.

11. Horneado de espárragos y muffins ingleses

INGREDIENTES:
- 1 libra de espárragos frescos, cortados en trozos de 1 pulgada
- 5 muffins ingleses, partidos y tostados
- 2 tazas de queso Colby Jack rallado, cantidad dividida
- 1 ½ tazas de jamón cocido cortado en cubitos
- ½ taza de pimiento rojo picado
- 8 huevos batidos
- 2 tazas de leche
- 1 cucharadita de sal
- 1 cucharadita de mostaza seca
- ½ cucharadita de pimienta negra

INSTRUCCIONES:

a) En una cacerola de 4 cuartos, hierva los espárragos durante 1 minuto. Escurrir y poner en un recipiente grande con agua helada para detener el proceso de cocción. Escurrir y secar los espárragos con toallas de papel.

b) Coloque las mitades de muffins ingleses, con el lado cortado hacia arriba, para formar una corteza en un molde engrasado de 9x13 pulgadas. Corta los muffins para llenar los espacios vacíos en el molde según sea necesario. Coloque capas de espárragos, la mitad del queso, el jamón y el pimiento sobre los muffins.

c) En un tazón grande, bata los huevos, la leche, la sal, la mostaza seca y la pimienta. Vierta la mezcla de huevo uniformemente sobre los muffins. Cubra y refrigere por 2 horas o toda la noche. Retirar del refrigerador antes de precalentar el horno a 375 grados. Hornee durante 40 a 45 minutos o hasta que cuaje en el centro.

d) Espolvoree inmediatamente el queso restante por encima y sirva.

12. <u>Tortilla De Jamón Y Queso Melena De León</u>

INGREDIENTES:
- 2 huevos
- ¼ taza de champiñones, melena de león, cortados en cubitos pequeños
- ⅓ taza de jamón, estilo delicatessen, rebanado fino, cortado en cubitos pequeños
- ⅓ taza de queso Colby Jack, rallado.

INSTRUCCIONES:
a) Precalienta tu plancha a fuego medio/bajo a medio.
b) Cortar en dados los champiñones y el jamón.
c) En un tazón pequeño, bata los huevos.
d) En la plancha seca precalentada, sofreír los champiñones cortados en cubitos hasta que empiecen a dorarse.
e) Cocine el jamón cortado en dados mientras se doran los champiñones.
f) Combine los champiñones y el jamón en la plancha.
g) Si tienes un aro de tortilla, puedes usarlo ahora.
h) Coloque la fina capa de grasa que desee sobre la plancha.
i) Vierta los huevos batidos sobre la plancha caliente engrasada. Los huevos deben estar en un círculo redondo de 6 pulgadas. Si los huevos comienzan a correr en la plancha, use la espátula y vuelva a darle forma de círculo.
j) Cuando los huevos dejen de correr, agregue el jamón cocido y los champiñones encima y distribuya uniformemente alrededor del círculo.
k) Cocina la tortilla durante unos 2 minutos por cada lado. Pero los tiempos de cocción variarán. Debes cocinar la tortilla según su apariencia porque cada plancha variará en temperatura.
l) Cuando la tortilla de jamón y champiñones esté cocida por un lado, llega el momento de darle la vuelta. Con una espátula grande, voltea con cuidado la tortilla.
m) Agrega la mitad del queso rallado a la mitad de la tortilla.
n) Una vez que la tortilla de champiñones, jamón y queso esté cocida, voltéala por la mitad para que el lado sin queso quede sobre el queso derretido.
o) Cubra con el queso rallado restante y retírelo de la plancha.

13. Crepe de pavo Deli

INGREDIENTES:
- 3 huevos orgánicos
- ½ taza de queso crema ablandado
- ½ cucharadas de estevia
- ½ cucharadita de canela en polvo
- 4 rebanadas de jamón
- 4 rebanadas de pavo deli
- 1 taza de queso suizo rallado
- 2 cucharadas de mantequilla orgánica, dividida

INSTRUCCIONES:

a) Coloque los primeros cuatro ingredientes en un procesador de alimentos y presione hasta lograr una buena masa. Reserva y deja reposar durante 5 minutos.

b) Derrita la mantequilla en una sartén antiadherente a fuego medio-alto y vierta una cucharada colmada de la masa en la sartén. Mueve el molde de lado a lado para crear una crepe. Cocine cada lado durante 2 minutos.

c) Ensamble la crepe cubriendo un lado con 1 rebanada de jamón y 1 rebanada de pavo y espolvoree con el queso suizo.

d) Coloca otra Crêpe encima y haz el mismo procedimiento.

e) En la misma sartén, derrita la mantequilla restante y luego coloque en ella las Crêpes apiladas.

f) Tapar y dejar cocinar durante 2 minutos antes de voltear la crepe.

g) Servir caliente.

14. Croissants De Jamón Y Queso

INGREDIENTES:
- 6 croissants
- 6 lonchas de jamón
- 6 lonchas de queso suizo
- 1 huevo batido con 1 cucharada de agua
- Sal y pimienta para probar

INSTRUCCIONES:
a) Precalienta el horno a 350°F (175°C).
b) Corta los croissants por la mitad a lo largo y reserva.
c) Coloca una loncha de jamón y una loncha de queso sobre cada croissant.
d) Espolvorear con sal y pimienta.
e) Vuelva a colocar la mitad superior del croissant y presione suavemente.
f) Coloque los croissants en una bandeja para hornear y unte con huevo.
g) Hornee durante 15-20 minutos hasta que el queso se derrita y el croissant esté crujiente.

15. Quiche Lorena

INGREDIENTES:
- 1½ tazas (6 onzas) de queso suizo rallado
- 8 rebanadas de tocino o jamón, cocido y desmenuzado
- 3 huevos
- 1 taza de crema espesa
- ½ taza de leche
- ¼ cucharadita de pimienta
- 1 base de pastel congelada prefabricada

INSTRUCCIONES:

a) Espolvoree queso y tocino/jamón sobre la base de pastel forrada con masa.

b) Batir el resto de los ingredientes y verter sobre el queso y el jamón.

c) Hornee a 375 grados durante 45 minutos.

16. Huevos Revueltos Con Jamón

INGREDIENTES:
- Aceite en aerosol antiadherente
- ½ taza de jamón fiambre en rodajas finas
- 3 cucharadas de queso suizo rallado
- 2 huevos
- 1 cucharadita de mostaza Dijon
- ⅛ cucharadita de sal kosher
- 3 molidos de pimienta negra
- Cebollino fresco picado

INSTRUCCIONES:
a) Rocíe el interior de una taza de 16 onzas con aceite en aerosol.
b) En un bol, mezcla todos los ingredientes y viértelos en la taza.
c) Cubra y cocine en el microondas durante 1½ minutos.
d) Use un tenedor para romper la mezcla de huevo, luego vuelva a tapar y cocine en el microondas durante unos 30 segundos más.

APERITIVOS, BOCADOS Y BOCADILLOS

17. Canapés de marisco a la parrilla

INGREDIENTES:
- 1 taza de mariscos cocidos, desmenuzados
- 6 rebanadas de pan blanco
- ¼ taza de mantequilla
- ¼ de taza de queso cheddar o ⅓ de taza de ketchup o salsa picante
- queso americano rallado

INSTRUCCIONES:

a) Tostar el pan por un lado; retire las cortezas y corte el pan por la mitad.

b) Unte con mantequilla los lados sin tostar; cubra con una capa de mariscos, luego con salsa de tomate y cubra con queso. Coloque los canapés en una bandeja para hornear debajo del asador.

c) Ase hasta que el queso se derrita y los canapés estén bien calientes.

18. Perros de queso envueltos en tocino

INGREDIENTES:
- 4 perritos calientes
- 4 rebanadas de tocino
- 1 rebanada de queso americano
- 4 panes para hot dog
- Mostaza

INSTRUCCIONES:

a) Coloque el tocino en la rejilla del microondas. Cubrir con una toalla de papel. Cocine en el microondas a potencia alta durante 3½ minutos o hasta que esté casi listo.

b) Comenzando a ½ pulgada del extremo, corte cada hot dog a lo largo. Corta el queso en 4 tiras y colócalo en panecillos para hot dog.

c) Envuelva las salchichas con tocino y asegúrelas con palillos. Escurre la grasa de la rejilla para tocino. Coloque las salchichas en la rejilla.

d) Cubrir con una toalla de papel.

19. Molinetes de tortilla de queso

INGREDIENTES:
- ¼ taza de queso crema tierno con cebollino
- y tocino
- 4 tortillas
- 8 rebanadas de queso americano
- 8 lonchas de jamón cocido ahumado

INSTRUCCIONES:

a) Unta una cucharada de queso crema sobre la tortilla. Cubra con dos lonchas de jamón y queso. Enrollar bien.

b) Envuelva el rollo de forma segura en una envoltura de plástico. Refrigerar.

c) Corta el rollo en seis trozos y asegura la rebanada pasando un palillo por el medio.

20. Palomitas De Maíz Con Queso Y Tocino

INGREDIENTES:
- 4 cuartos de palomitas de maíz reventadas
- ⅓ taza de mantequilla derretida
- ½ cucharadita de sal sazonada
- ½ cucharadita de sal ahumada de nogal americano
- ½ taza de queso americano rallado
- ⅓ taza de trozos de tocino

INSTRUCCIONES:
a) Vierta el maíz recién reventado en un tazón grande.
b) Combine la margarina con sal ahumada de nogal americano.
c) Vierta sobre las palomitas de maíz; revuelva bien para cubrir.
d) Espolvorea con queso y trocitos de tocino.
e) Mezcle nuevamente y sirva mientras esté caliente.

21. Papas fritas de la feria estatal

INGREDIENTES:
- Paquete de 32 onzas de papas fritas sazonadas congeladas
- cucharadas de maicena
- 2 cucharadas de agua
- 2 tazas de leche baja en grasa
- 1 cucharada de margarina
- 8 rebanadas de queso americano, cortado en trozos
- Lata de 15 onzas de chile sin frijoles como Hormel o chile vegetariano sin carne

INSTRUCCIONES:
a) Cocine las papas fritas en el horno durante unos 25 minutos hasta que estén doradas a 350 grados.
b) Consigue un tazón pequeño y combina el agua y la maicena de manera uniforme.
c) Obtenga una cacerola con la margarina y la leche hirviendo mientras bate, luego baje el fuego y agregue la mezcla de maicena a la mezcla de leche. Pon el fuego a nivel medio y continúa calentando la mezcla hasta que espese mientras revuelves.
d) Combina las rodajas de queso y revuelve la mezcla hasta que todo se derrita. Luego calienta el chile en una olla aparte.
e) Una vez que la mezcla de leche y el chile estén listos, cubra las papas fritas con el chile y el queso y sirva.

22. Weenie asado con tocino y queso

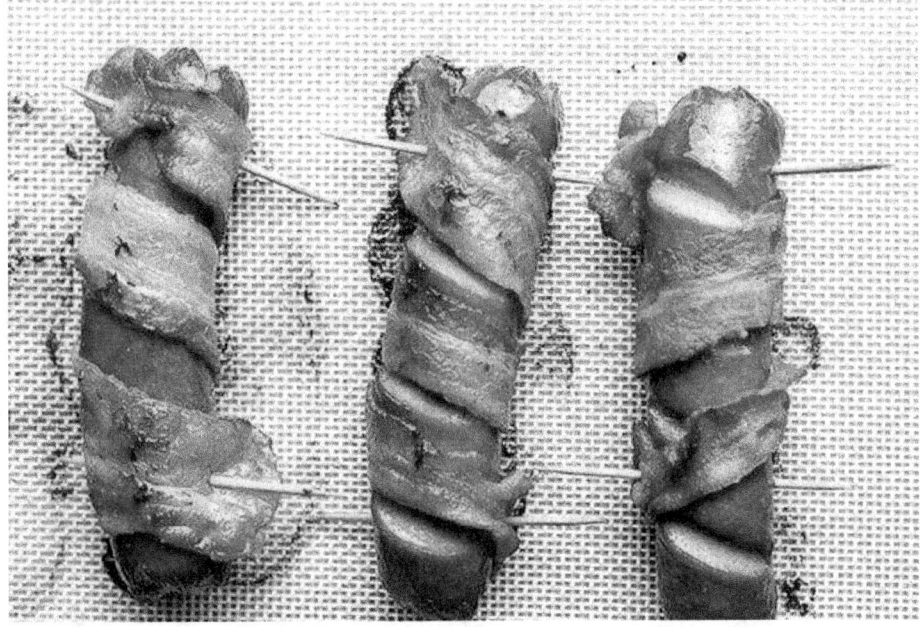

INGREDIENTES:
- 1 paquete de perritos calientes
- queso americano
- 12 onzas de tocino crudo
- Palillos de dientes

INSTRUCCIONES:

a) Divida las salchichas sin pasarlas por completo. Corte tiras de queso y métalas en las ranuras.

b) Envuelva cada hot dog entero con una rebanada de tocino y fíjelo con palillos.

c) Ase a fuego abierto hasta que el tocino esté tierno y crujiente y el hot dog esté completamente caliente.

23. Molinetes de pizza ranchera

INGREDIENTES:
- 1 tubo (13,8 onzas) de base de pizza refrigerada
- ¼ de taza de aderezo para ensalada ranchero preparado
- ½ taza de queso Colby-Monterey Jack rallado
- ½ taza de pepperoni cortado en cubitos
- ¼ de taza de cebollas verdes picadas
- Salsa para pizza tibia o aderezo ranch adicional para ensalada, opcional

INSTRUCCIONES:

a) Enrolle la masa de pizza hasta formar un rectángulo de 12x10 pulgadas sobre una superficie ligeramente enharinada. Distribuya uniformemente el aderezo ranch dentro de ¼ de pulgada. de los bordes. Espolvorea la cebolla, el pepperoni y el queso. Comenzando por el lado largo, enróllelo como si fuera un rollo de gelatina.

b) Cortar a 1 pulgada. rebanadas. Colóquelo en una bandeja para hornear engrasada, con el lado cortado hacia abajo. Hornee durante 10-13 minutos hasta que se dore ligeramente a 425°. Sirva caliente con aderezo ranch extra o salsa para pizza (opcional). Refrigere las sobras.

24. Deslizadores de pavo con batata

INGREDIENTES:
- 4 tiras de tocino ahumado en madera de manzano, finamente picadas
- 1 libra de pavo molido
- ½ taza de panko rallado
- 2 huevos grandes
- ½ taza de queso parmesano rallado
- 4 cucharadas de cilantro fresco picado
- 1 cucharadita de albahaca seca
- ½ cucharadita de comino molido
- 1 cucharada de salsa de soja
- 2 batatas grandes
- Queso Colby-Monterey Jack rallado

INSTRUCCIONES:

a) En una sartén grande, cocina el tocino a fuego medio hasta que esté crujiente; escurrir sobre toallas de papel. Deseche todo menos 2 cucharadas de grasa. Deja la sartén a un lado. Combine el tocino con los siguientes 8 ingredientes hasta que esté bien mezclado; cubra y refrigere durante al menos 30 minutos.

b) Precalienta el horno a 425°. Corte las batatas en 20 rodajas de aproximadamente ½ pulgada de grosor. Coloque las rebanadas en una bandeja para hornear sin engrasar; hornee hasta que las batatas estén tiernas pero no blandas, de 30 a 35 minutos. Retire las rodajas; Dejar enfriar sobre una rejilla.

c) Caliente la sartén con la grasa reservada a fuego medio-alto. Forme hamburguesas del tamaño de una hamburguesa con la mezcla de pavo. Cocine las hamburguesas en tandas, de 3 a 4 minutos por cada lado, teniendo cuidado de no llenar la sartén. Agregue una pizca de queso cheddar rallado después de voltear cada control deslizante por primera vez. Cocine hasta que un termómetro marque 165° y los jugos salgan claros.

d) Para servir, coloque cada control deslizante sobre una rodaja de camote; unte con miel y mostaza Dijon. Cubrir con una segunda rodaja de camote.

e) Perforar con un palillo.

25. Sándwiches de manzana, jamón y queso

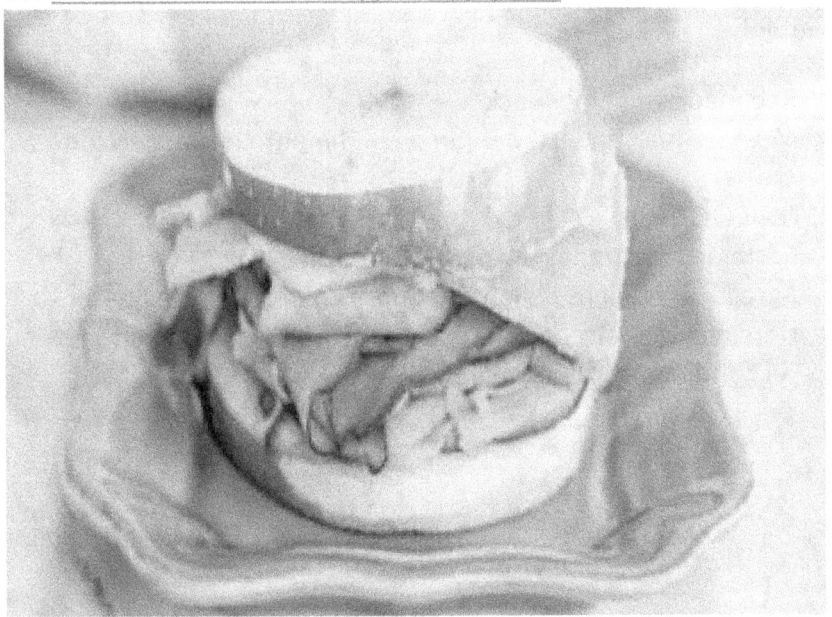

INGREDIENTES:
- manzana
- rebanadas de jamón
- Rebanadas de Colby Jack
- Mostaza marrón, estilo Dijon o condimento de su elección

INSTRUCCIONES:
a) Cortar las manzanas en aros.
b) Agrega las lonchas de jamón. Cubra con rodajas de queso.
c) Unte mostaza en el anillo superior del sándwich y colóquelo encima (con el condimento hacia abajo).

26. Nachos con filete de queso Filadelfia

INGREDIENTES:
- 1 libra de solomillo de res o filete de falda en rodajas finas
- 2 cucharadas. aceite de oliva
- 1 cebolla picada
- 1 pimiento verde cortado en cubitos
- ¼ taza de champiñones rebanados
- 1 bolsa de totopos
- 1 taza de queso provolone rallado
- ¼ taza de perejil fresco picado

INSTRUCCIONES:

a) Precalienta el horno a 375°F.

b) En una sartén, calienta el aceite de oliva a fuego medio-alto. Agregue la carne en rodajas finas y cocine hasta que se dore. Agregue la cebolla picada, el pimiento verde y los champiñones en rodajas y cocine hasta que se ablanden.

c) En una bandeja para hornear, extienda los chips de tortilla en una sola capa.

d) 4. Espolvorea el queso provolone rallado sobre las patatas fritas y luego cubre con la mezcla de carne.

e) Hornee durante 10 a 15 minutos o hasta que el queso se derrita y burbujee.

f) Cubra con perejil fresco picado.

27. Bolas de queso para cóctel

INGREDIENTES:
- 8 onzas de queso, ablandado
- ¼ de taza de yogur natural sin grasa
- 4 onzas de queso cheddar rallado
- 4 onzas de queso suizo bajo en grasa rallado
- 2 cucharaditas de cebolla rallada
- 2 cucharaditas de rábano picante preparado
- 1 cucharadita de mostaza Dijon campestre
- ¼ taza de perejil fresco picado

INSTRUCCIONES:

a) Combine el queso y el yogur en un tazón grande; batir a velocidad media con una batidora eléctrica hasta que quede suave. Agrega el queso cheddar y los siguientes 4 ingredientes; revuelva bien. Cubra y enfríe durante al menos 1 hora.

b) Forma una bola con la mezcla de queso y espolvorea con perejil. Presione suavemente el perejil en la bola de queso. Envuelva la bola de queso en una envoltura de plástico resistente y enfríe. Sirva con una variedad de galletas saladas sin sal.

28. Hasselback Tomate Clubs

INGREDIENTES:
- 4 tomates pera
- 2 rebanadas de queso suizo, en cuartos
- 4 tiras de tocino cocido, cortado a la mitad
- 4 rebanadas de pavo deli
- 4 hojas de lechuga bibb
- ½ aguacate maduro mediano pelado y cortado en 8 rodajas
- Pimienta molida

INSTRUCCIONES:

a) Corta 4 rodajas transversales de cada tomate, dejándolas intactas en la parte inferior.

b) Rellena cada rebanada con queso, tocino, pavo, lechuga y aguacate. Espolvorea con pimienta.

29. Hojaldres de champiñones y cebolla

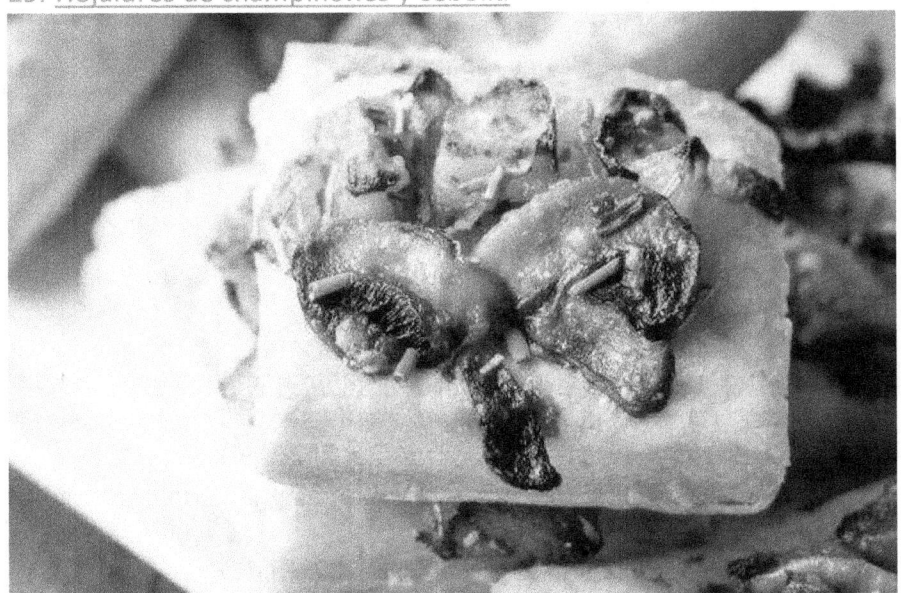

INGREDIENTES:
- 1 hoja de hojaldre, descongelado
- 1 taza de champiñones rebanados
- ½ taza de cebolla picada
- ½ taza de queso suizo rallado
- 1 huevo batido
- Sal y pimienta para probar

INSTRUCCIONES:

a) Precalienta el horno a 400°F (200°C).
b) Sobre una superficie ligeramente enharinada, extienda el hojaldre hasta que tenga un grosor de aproximadamente ¼ de pulgada.
c) Cortar el hojaldre en 9 cuadrados iguales.
d) En una sartén, sofreír los champiñones y la cebolla hasta que se ablanden y se doren ligeramente.
e) Vierta aproximadamente 1 cucharada de la mezcla de champiñones y cebolla en cada cuadrado de hojaldre.
f) Espolvorea queso suizo rallado sobre la mezcla de champiñones y cebolla.
g) Dobla las esquinas del hojaldre hacia arriba y sobre el relleno, presionando los bordes para sellar.
h) Pincelar cada hojaldre con un huevo batido.
i) Hornee durante 15-20 minutos hasta que estén dorados.
j) Servir caliente.

30. Dulce de mantequilla de maní

INGREDIENTES:
- 1 cucharadita más ½ taza de mantequilla, dividida
- 1 taza de mantequilla de maní en trozos
- 1 paquete (8 onzas) de queso procesado (Velveeta), en cubos
- 1 paquete (2 libras) de azúcar glass
- 1-½ cucharaditas de extracto de vainilla

INSTRUCCIONES:

a) Use papel de aluminio para forrar un molde de 13 x 9 pulgadas y unte el papel de aluminio con 1 cucharadita de mantequilla; poner a un lado.

b) Mezcle la mantequilla, el queso y la mantequilla de maní sobrantes en una cacerola grande y pesada. Cocine y mezcle a fuego medio hasta que se derrita. Retirarse del calor. Agregue la vainilla y el azúcar glass gradualmente hasta que se combinen (la mezcla quedará espesa).

c) Distribuir en un molde forrado. Refrigere por 2 horas o hasta que esté firme.

d) Saque el dulce de azúcar de la sartén con papel de aluminio. Tirar papel de aluminio; corte el dulce de azúcar en cuadrados de 1 pulgada. Poner en un recipiente hermético para guardar en el frigorífico.

SALSAS Y QUESO

31. Salsa de queso para pub

INGREDIENTES:
- 3 cucharadas de chiles jalapeños encurtidos, picados en trozos grandes
- 1 taza de sidra dura
- ⅛ cucharadita de pimiento rojo molido
- 2 tazas de queso cheddar amarillo extra fuerte rallado
- 2 tazas de queso Colby rallado
- 2 cucharadas de maicena
- 1 cucharada de mostaza Dijon
- 60 galletas

INSTRUCCIONES:
a) En un tazón mediano, combine el queso cheddar, el queso Colby y la maicena. Dejar a un lado.
b) En una cacerola mediana, combine la sidra y la mostaza.
c) Cocine hasta que hierva a fuego medio-alto.
d) Incorpora lentamente la mezcla de queso, poco a poco, hasta que quede suave.
e) Apaga el fuego.
f) Agregue el jalapeño y los pimientos rojos.
g) Coloque la mezcla en una olla de cocción lenta o en una olla para fondue de 1 cuarto de galón.
h) Mantener caliente a fuego lento.
i) Sirva junto con galletas saladas.

32. chile con queso

INGREDIENTES:
- 1 taza de caldo de pollo o vegetales
- 4 onzas de queso crema
- 1 cucharada de maicena
- 1 cucharada de chile chipotle enlatado picado en salsa adobo
- 1 diente de ajo, picado
- ¼ cucharadita de pimienta
- 8 onzas de queso Monterey Jack, rallado (2 tazas)
- 4 onzas de queso americano, rallado (1 taza)
- 1 lata (10 onzas) de tomates cortados en cubitos y chiles verdes Rotel, escurridos

INSTRUCCIONES:
a) Cocine en el microondas el caldo, el queso crema, la maicena, el chipotle, el ajo y la pimienta en un tazón grande, batiendo ocasionalmente, hasta que quede suave y espeso, aproximadamente 5 minutos.
b) Agregue Monterey Jack y los quesos americanos hasta que estén bien combinados.
c) Transfiera la mezcla a una fuente para soufflé de 1½ cuarto.
d) Coloque el plato en una olla de cocción lenta y vierta agua en la olla de cocción lenta hasta que alcance aproximadamente un tercio de los lados del plato (aproximadamente 2 tazas de agua).
e) Tape y cocine hasta que el queso se derrita, de 1 a 2 horas a temperatura baja.
f) Retire el plato de la olla de cocción lenta, si lo desea.
g) Batir la salsa hasta que quede suave y luego agregar los tomates. Atender.

33. Chile Con Queso Tex-Mex

INGREDIENTES:
- 1 cucharada de aceite de oliva virgen extra
- ½ taza de cebolla amarilla finamente picada
- 2 dientes de ajo, picados
- 1 jalapeño, finamente picado
- 1 cucharadita de comino molido
- ½ cucharadita de sal
- 2 cucharadas de maicena
- 1 taza de caldo de huesos de pollo
- 8 individuales de queso americano, cortados
- 1 taza de tomates cortados en cubitos
- Cilantro fresco para decorar (opcional)

INSTRUCCIONES:

a) En una sartén de hierro fundido o cacerola mediana, calienta el aceite a fuego medio y saltea la cebolla, el ajo y el jalapeño (si se usa fresco) con comino, sal y maicena durante 2 a 3 minutos, hasta que la cebolla esté transparente.

b) Agrega el caldo y cocina de 3 a 4 minutos. Revuelva constantemente, permitiendo que la salsa se espese.

c) Agrega el queso y los tomates. Cocine a fuego lento con cuidado el queso durante 3 a 5 minutos. Remueve y ajusta su espesor a tu gusto añadiendo más caldo o queso.

d) Sirva caliente con totopos.

34. salsa de maíz picante

INGREDIENTES:
- 1 cucharada de aceite de oliva virgen extra
- ½ libra de salchicha italiana picante
- 1 cebolla morada mediana, picada
- 1 pimiento rojo grande, cortado en cubitos
- 1 taza de crema agria
- 4 onzas de queso crema, a temperatura ambiente
- 4 tazas de maíz congelado, descongelado
- ½ taza de cebollas verdes picadas
- 1 jalapeño grande, cortado en cubitos
- 4 dientes de ajo, picados
- 1 cucharada de cilantro picado
- 2 cucharaditas de condimento criollo
- 1 cucharadita de pimienta negra molida
- 1 taza de queso cheddar fuerte rallado, cantidad dividida
- 1 taza de queso Colby Jack rallado, cantidad dividida
- Aceite vegetal, para engrasar

INSTRUCCIONES:
a) Precalienta el horno a 350 grados F.
b) En una sartén grande a fuego medio, calienta el aceite. Agrega la salchicha italiana y cocina hasta que se dore. Agregue las cebollas y los pimientos morrones. Cocine hasta que se ablanden.
c) Agrega la crema agria y el queso crema. Revuelva hasta que esté bien combinado, luego agregue el maíz, la cebolla verde, el jalapeño, el ajo y el cilantro.
d) Continúe revolviendo los ingredientes hasta que todo esté bien incorporado.
e) Espolvorea el condimento criollo, la pimienta negra, ½ taza de queso cheddar y ½ taza de queso Colby Jack. Mezclar bien.
f) Engrase ligeramente una fuente para horno y luego agregue la mezcla de maíz. Cubra con el queso restante y hornee, sin tapar, durante 20 minutos. Deje enfriar un poco antes de servir.

35. Salsa De Queso Con Pimientos

Porciones 8

INGREDIENTES:
- 1 cucharada de mantequilla
- 2 pimientos rojos, rebanados
- 1 cucharadita de hojuelas de pimiento rojo de Alepo
- 1 taza de queso crema, temperatura ambiente
- 2 tazas de queso Colby, rallado
- 1 cucharadita de zumaque
- 2 dientes de ajo, picados
- 1 taza de caldo de pollo
- Sal y pimienta negra molida al gusto.

INSTRUCCIONES:
a) Presione el botón "Saltear" para calentar su olla instantánea. Una vez caliente, derrita la mantequilla. Saltee los pimientos hasta que estén tiernos.

b) Agrega los ingredientes restantes; revuelva suavemente para combinar.

c) Asegure la tapa. Elija el modo "Manual" y Alta presión; cocine por 3 minutos. Una vez que se complete la cocción, use un dispositivo de liberación rápida de presión; Retire con cuidado la tapa.

d) Sirva con sus salsas cetogénicas favoritas. ¡Buen provecho!

36. Salsa de queso y cerveza

INGREDIENTES:
- 1 taza de queso americano rallado
- 1 taza de queso cheddar rallado
- 1 taza de cerveza
- 2 cucharadas de maicena
- Sal y pimienta para probar
- Chips de tortilla para servir

INSTRUCCIONES:
a) En una cacerola calienta la cerveza a fuego medio.
b) En un tazón pequeño, combine el queso americano rallado, el queso cheddar rallado y la maicena. Revuelve para combinar.
c) Agrega la mezcla de queso a la cacerola con la cerveza y revuelve hasta que se derrita y esté bien combinado.
d) Sazone con sal y pimienta al gusto.
e) Sirva con chips de tortilla para mojar.

SANDWICH, HAMBURGUESAS Y WRAPS

37. Sándwich de tomate y queso americano a la parrilla

INGREDIENTES:
- 8 rebanadas de pan blanco
- Manteca
- mostaza preparada
- 8 rebanadas de queso americano
- 8 rodajas de tomate

INSTRUCCIONES:

a) Para cada sándwich, unte con mantequilla 2 rebanadas de pan blanco. Unte los lados sin mantequilla con mostaza preparada y coloque 2 rebanadas de queso americano y dos rebanadas de tomate entre el pan, con los lados untados con mantequilla hacia afuera.

b) Dorar en una sartén por ambos lados o asar hasta que el queso se derrita.

38. Sándwich De Tortilla De Bagel Rápido

INGREDIENTES:
- ¼ de taza de cebolla finamente picada
- 1 cucharada de mantequilla
- 4 huevos
- ¼ taza de tomate picado
- ⅛ cucharadita de sal
- ⅛ cucharadita de salsa de pimiento picante
- 4 rebanadas de tocino canadiense Jones
- 4 bagels simples, partidos
- 4 rebanadas de queso americano procesado

INSTRUCCIONES:

a) Saltee la cebolla en una sartén grande con mantequilla hasta que esté tierna. Licue la salsa de pimienta, la sal, el tomate y los huevos.

b) Transfiera la mezcla de huevo a la sartén.

c) Mientras los huevos están listos, deje que la porción cruda fluya hacia abajo empujando los bordes cocidos hacia el centro. Cocine hasta que los huevos estén cuajados. Mientras tanto, cocine el tocino en el microondas y, si lo desea, tueste los bagels.

d) Coloque capas de queso sobre la base de los bagels. Corta la tortilla en cuartos.

e) Sirva con tocino sobre bagels.

39. Hamburguesas totalmente americanas

INGREDIENTES:
HAMBURGUESAS
- 1 cebolla pequeña, picada pequeña
- Sal kosher y pimienta negra recién molida
- ¾ libra de carne molida (80% magra)
- 2 panes de hamburguesa con papa, cortados por la mitad horizontalmente
- 1 cucharada de mantequilla sin sal
- 4 rebanadas de queso americano
- ¼ de taza de pepinillos encurtidos escurridos
- ½ taza de lechuga finamente rallada y sin pelar

SALSA ESPECIAL
- ½ taza de mayonesa
- ¼ taza de salsa de tomate
- 2 cucharadas de salsa de pepinillos dulces, escurrida
- ½ cucharadita de mostaza en polvo (como la de Colman)
- ½ cucharadita de ajo en polvo
- ½ cucharadita de cebolla en polvo
- ¼ cucharadita de azúcar

INSTRUCCIONES:
a) Deshidratar la cebolla. Precalienta el horno a 325°F. Extienda la cebolla en una bandeja para hornear pequeña en una sola capa uniforme. Condimentar con sal y pimienta. Hornee durante 25 a 27 minutos, hasta que se arrugue y comience a dorarse en los bordes. Retirar del horno y dejar enfriar.

b) Forma las hamburguesas. Coloque la carne molida en un tazón grande y sazone con ½ cucharadita de sal y ¼ de cucharadita de pimienta. Use sus manos para mezclar suavemente hasta que esté combinado. Divida la carne en 4 bolas del mismo tamaño. Coloca las bolas a unos centímetros de distancia, entre dos capas de papel encerado. Presione las bolas para formar hamburguesas finas, de ⅛ a ¼ de pulgada de grosor y 4½ pulgadas de diámetro. Enfríe las hamburguesas en el refrigerador durante al menos 5 minutos.

c) Haz la salsa. En un tazón pequeño, combine la mayonesa, el ketchup, la salsa picante, la mostaza en polvo, el ajo en polvo, la cebolla en polvo y el azúcar. Condimentar con sal y pimienta.

d) Tuesta los bollos. Calienta una sartén grande de hierro fundido a fuego medio-alto. Trabajando en tandas, tuesta los panecillos en la sartén seca, con el lado cortado hacia abajo, durante 1 a 2 minutos, hasta que estén ligeramente dorados. Transfiera a una superficie de trabajo limpia y seca. Extienda una fina capa de salsa sobre la base y la parte superior de los panecillos.

e) Cocina las hamburguesas. Saca las hamburguesas del refrigerador. En la misma sartén que usaste para tostar los panecillos, derrite la mantequilla a fuego medio-alto. Justo antes de cocinarlas, sazone la parte superior de las hamburguesas con sal. Coloque dos de las hamburguesas en la sartén, con el lado salado hacia abajo. Sazone la parte superior con sal. Cocine durante 2 minutos por el primer lado o hasta que se dore. Voltee las hamburguesas y cocine por 1 minuto más o hasta que se doren. Transfiera a la base del pan e inmediatamente cubra cada hamburguesa con una rebanada de queso. Coloque las dos hamburguesas restantes en la sartén, con el lado salado hacia abajo. Sazone la parte superior con sal. Cocine durante 2 minutos por el primer lado o hasta que se dore. Voltee las hamburguesas y cubra cada una con una rebanada de queso. Cocine 1 minuto más o hasta que se dore y el queso se derrita. Transfiera inmediatamente las hamburguesas cocidas a las hamburguesas con queso. Deje reposar durante 1 minuto para permitir que la hamburguesa superior derrita el queso de la hamburguesa inferior.

f) Arma las hamburguesas. Cubra cada hamburguesa con 1 cucharada de cebolla, unas rodajas de pepinillo, un puñado pequeño de lechuga y la parte superior del panecillo. Transfiera a platos para servir y sirva.

40. hamburguesa de desayuno

INGREDIENTES:
- 6 onzas de carne molida magra
- 4 lonchas de tocino, cocidas hasta que estén crujientes
- Sal al gusto
- Grasa animal
- 2 panes de hamburguesa
- 2 rebanadas de queso americano
- 2 huevos medianos, fritos
- 2 croquetas de patata, cocidas y mantenidas calientes

INSTRUCCIONES:

j) Forme hamburguesas finas y uniformes con la carne. Sazonar con sal.

k) Cepille la parrilla con grasa animal y coloque las hamburguesas encima.

l) Ase durante unos 4 minutos por lado.

m) Retire las hamburguesas de la parrilla y coloque cada una en un panecillo.

n) Cubra con una rebanada de queso, tocino, huevo frito y papas fritas.

41. Héroe del queso asado spam

INGREDIENTES:
- 4 gajos de queso suizo
- 2 tomates pera, finamente segmentados
- 8 gajos de pan italiano
- 1 lata de SPAM
- ¼ de taza de mostaza estilo Dijon
- ¼ taza de cebollas verdes finamente segmentadas
- 4 gajos de queso americano
- 2 cucharadas de mantequilla o margarina

INSTRUCCIONES:
a) Coloque el queso y los tomates de manera uniforme sobre 4 segmentos de pan. Coloque SPAM sobre los tomates.
b) Unte mostaza sobre el SPAM. Espolvorea con cebolla.
c) cubra con queso americano y los gajos de pan restantes.
d) En una plancha grande, derrita la mantequilla. Agregue los sándwiches y cocine a la parrilla a fuego moderado hasta que se doren y el queso se derrita, girándolos una vez.

42. Pesto Provolone

INGREDIENTES:
- 2 rebanadas de pan italiano
- 2 rodajas de tomate
- 1 cucharada de mantequilla blanda, cantidad dividida
- 1 rebanada de queso americano
- 1 cucharada de salsa pesto preparada, cantidad dividida
- 1 rebanada de queso provolone

INSTRUCCIONES:

a) Unte ½ cucharadas de mantequilla sobre 1 rebanada de manera uniforme. En una sartén antiadherente, coloque la rebanada, con el lado untado con mantequilla hacia abajo, a fuego medio.

b) Coloque ½ cucharada de pesto encima de la rebanada untada con mantequilla de manera uniforme, seguido de una rebanada de queso provolone, rodajas de tomate y una rebanada de queso americano.

c) Coloque el pesto restante sobre otra rebanada de manera uniforme y cubra la rebanada en la sartén, con el pesto hacia abajo.

d) Ahora, unta el resto de la mantequilla encima del sándwich y cocina todo durante unos 5 minutos por ambos lados o hasta que esté dorado.

43. Imitador en N' Out Burger

INGREDIENTES:
HAMBURGUESAS:
- 1 libra de carne molida (preferiblemente 80/20)
- Sal y pimienta
- 4 rebanadas de queso americano amarillo

INGREDIENTES DE LA SALSA
- ⅓ taza de mayonesa
- 1 cucharada de kétchup sin azúcar
- 1 cucharadita de mostaza
- 2 cucharadas de pepinillos en cubitos
- 1-2 cucharaditas de jugo de pepinillos
- ½ cucharadita de sal
- ½ cucharadita de pimentón
- ½ cucharaditas de ajo en polvo

ADORNOS:
- "Bollitos" de lechuga iceberg
- tomate rebanado
- Pepinillos
- ½ cebolla amarilla, cortada en rodajas finas
- Opcional - Bollos Inteligentes

INSTRUCCIONES:

a) Empieza preparando la salsa. En un tazón pequeño combine la mayonesa, el ketchup sin azúcar, 1 cucharadita de mostaza, los pepinillos cortados en cubitos, el jugo de pepinillos y las especias. Mezclar y probar el sabor. Los sabores se combinan mejor con el tiempo, así que siéntete libre de adaptarte.

b) Para preparar las hamburguesas, mida 2 onzas de carne por hamburguesa y enróllelas hasta formar una albóndiga. Repita hasta tener 10 albóndigas en total. Sazone la parte superior con sal marina y pimienta negra molida.

c) Precalienta tu plancha/plancha de hierro fundido a fuego alto. Agrega un poco de aceite a la sartén si es necesario. Coloque dos albóndigas en la plancha o sartén, use una espátula ancha y presione hacia abajo.

d) Rocíe la parte superior (opcional) con mostaza antes de voltear. Trabaja rapido. Cuando los bordes parezcan dorarse, dales la vuelta.

e) Coloque un trozo de queso americano en una hamburguesa y apile la segunda hamburguesa encima.

f) Para armar, comience con un trozo inferior de lechuga, agregue la cebolla en rodajas, la hamburguesa doble, el tomate, los pepinillos y la salsa.

g) ¡Cúbrelo con el segundo panecillo de lechuga y disfruta!

44. Burritos De Camote Y Huevo

INGREDIENTES:
PARA LAS PATATAS
- 1 taza de agua o caldo de verduras
- ½ libra de batatas peladas y cortadas en cubos pequeños
- Sal marina kosher o fina y pimienta negra recién molida
- Para el llenado
- 2 cucharadas de aceite de oliva o vegetal, dividido
- ½ cebolla, finamente picada
- ½ pimiento rojo, sin semillas y finamente picado
- 1 cucharadita de chipotle en polvo
- 1 taza de frijoles negros enlatados sin gluten, enjuagados y escurridos
- 6 huevos grandes

PARA MONTAJE
- 4 tortillas grandes sin gluten
- ½ taza de tomatillo, salsa verde, salsa roja o pico de gallo
- 1 taza de queso Monterey Jack, pepper Jack o Colby rallado
- Jugo de limón recién exprimido Hojas de cilantro fresco, picadas

INSTRUCCIONES:
PAPAS
a) Vierte el agua en el fondo de la olla interior de tu olla a presión eléctrica.

b) Coloque una canasta vaporera en la olla y apile las papas en la canasta. Cierre y bloquee la tapa, asegurándose de que la manija de liberación de vapor esté en la posición de sellado. Cocine a alta presión durante 2 minutos.

c) Naturalmente, libere la presión durante 2 minutos, luego libere rápidamente la presión restante girando la manija de liberación de vapor hacia la posición de ventilación. Presione Cancelar. Destrabe la tapa y ábrala con cuidado.

d) Saque las patatas de la olla, sazone con sal y pimienta, reserve y manténgalas calientes. Las papas se pueden cocinar con un día de anticipación y recalentar antes de cocinar los huevos y preparar los burritos.

RELLENO

e) Mientras se cocinan las papas, en una sartén de 25 cm (10 pulgadas), calienta 1 cucharada (15 ml) de aceite y cocina la cebolla y el pimiento durante 5 minutos para que se ablanden un poco.

f) Agrega el chipotle en polvo y los frijoles a la sartén, calentando bien. Utilice una espumadera para transferir las verduras a un bol y tápelas para mantenerlas calientes.

g) Agrega la 1 cucharada (15 ml) de aceite restante a la sartén. Batir los huevos en un bol hasta que se mezclen, luego verterlos en la sartén y cocinar, revolviendo constantemente, hasta que estén revueltos.

h) Retire la sartén del fuego. Con una espátula, pica los huevos en trozos pequeños. Agrega los frijoles y las verduras a los huevos y mantenlos calientes.

ASAMBLEA

i) Calienta ligeramente las tortillas y coloca en capas un cuarto de las papas y un cuarto de los huevos en cada una. Cubra con 2 cucharadas (30 g) de salsa y aproximadamente ¼ de taza (30 g) de queso rallado.

j) Espolvorea con un poco de jugo de lima y un poco de cilantro, enrolla con cuidado y sirve caliente.

45. Filete De Queso Estilo Filadelfia

INGREDIENTES:
- 2 pimientos morrones
- 1 cebolla amarilla pequeña
- 450 g (1 libra) de tiras de carne de res en rodajas finas
- 3 tazas de champiñones rebanados
- 1 cucharada de aceite
- 1 paquete de condimento para filete de queso estilo Filadelfia
- 1 taza de queso mozzarella o provolone rallado
- 6 panecillos hoagie, tostados

INSTRUCCIONES:

a) Precaliente el horno a 375° F. Cubra la bandeja para hornear con el revestimiento para bandejas.

b) Cortar los pimientos y la cebolla en rodajas finas.

c) En un tazón grande, combine los pimientos, la cebolla, la carne, los champiñones, el aceite y los condimentos. Mezcle hasta que esté bien cubierto.

d) Colóquelos en una sola capa sobre la sartén lo mejor que pueda. Asar durante 15 min.

e) Retirar del horno; espolvorear con queso.

f) Vuelva a colocar en el horno y ase durante 2 minutos o hasta que el queso se derrita.

g) Sirva en panecillos hoagie.

46. Sándwiches De Berenjena Al Horno

INGREDIENTES:
- 1 cucharadita de aceite de oliva
- 2 huevos
- ½ taza de harina para todo uso, o más según sea necesario
- sal y pimienta negra recién molida al gusto
- 1 pizca de pimienta de cayena o más al gusto
- 1 taza de panko rallado
- 8 rodajas de berenjena, cortadas de 3/8 de pulgada de grosor
- 2 rebanadas de queso provolone, cortado en cuartos
- 12 lonchas finas de salami
- 2 ⅔ cucharadas de aceite de oliva, cantidad dividida
- 2 ⅔ cucharadas de queso Parmigiano-Reggiano finamente rallado, cantidad dividida

INSTRUCCIONES:

a) Precaliente el horno a 425 grados F (220 grados C). Forre una bandeja para hornear con papel de aluminio.

b) Batir los huevos en un tazón pequeño y poco profundo. Mezcle la harina, la sal, la pimienta negra y la pimienta de cayena en un plato grande y poco profundo. Vierta las migas de panko en otro plato grande y poco profundo.

c) Cubra una rebanada de berenjena con ¼ de rebanada de queso provolone, 3 rebanadas de salami y ¼ de rebanada de queso provolone. Coloque encima una rodaja de berenjena del mismo tamaño. Repita con las rodajas de berenjena restantes, el queso y el salami.

d) Presione suavemente cada sándwich de berenjena en la harina sazonada para cubrirlo; sacudir el exceso. Sumerja ambos lados de cada sándwich en huevo batido y luego presione sobre el panko rallado. Colóquelo en la bandeja para hornear preparada mientras prepara los sándwiches de berenjena restantes.

e) Rocíe 1 cucharadita de aceite de oliva en un círculo de aproximadamente 3 pulgadas de diámetro sobre el papel de aluminio; Coloque un sándwich de berenjena en el área engrasada. Espolvorea aproximadamente 1 cucharadita de queso Parmigiano-Reggiano sobre el sándwich. Repita con los 3 sándwiches restantes, rociando un área del papel de aluminio con aceite de oliva, colocando un sándwich sobre el aceite y cubriendo con queso parmesano. Rocíe la parte superior de cada sándwich con 1 cucharadita de aceite de oliva.

f) Hornea en el horno precalentado durante 10 minutos. Voltee los sándwiches y espolvoree 1 cucharadita de queso Parmigiano-Reggiano por encima. Hornee hasta que se dore y un cuchillo de cocina se inserte fácilmente en la berenjena, de 8 a 10 minutos más. Servir tibio o a temperatura ambiente.

47. Hamburguesa de Filete de Pescado

INGREDIENTES:
- 1 hamburguesa de pescado blanco empanizada congelada
- 1 pan de hamburguesa pequeño y normal
- 1 cucharada de salsa tártara preparada
- ½ rebanada de auténtico queso americano
- pizca de sal
- 1 hoja de papel encerado de 12"x12" (para envolver)

INSTRUCCIONES:

a) Precalienta tu freidora a 375-400 grados. Una vez que esté listo, cocina el pescado durante 3-5 minutos hasta que esté cocido.

b) Retiramos y añadimos una pizca de sal.

c) Cocine el panecillo en el microondas durante unos 10 segundos, hasta que esté caliente y humeante.

d) Agregue aproximadamente 1 cucharada de salsa tártara preparada al lado de la corona del panecillo.

e) Coloque encima el filete de pescado cocido, agregue ½ rebanada de queso americano en el centro del pescado y agregue el talón del panecillo.

f) Envuélvalo en una hoja de papel encerado de 12 "x 12" y caliéntelo en la temperatura más baja del horno durante 8 a 10 minutos.

48. PortobelloSándwich italiano

INGREDIENTES:
- 8 champiñones Portobello grandes, limpios
- 2 cucharadas de aceite de oliva virgen extra
- Sal kosher
- 1 cucharada de vinagre de vino tinto
- 1 cucharada de pepperoncini con semillas finamente picado
- ½ cucharadita de orégano seco
- Pimienta negra recién molida
- 2 onzas de provolone en rodajas (aproximadamente 4 rebanadas)
- 2 onzas de jamón bajo en sodio en rodajas finas (aproximadamente 4 rebanadas)
- 1 onza de salami de Génova en rodajas finas (aproximadamente 4 rebanadas)
- 1 tomate pequeño, cortado en 4 rodajas
- ½ taza de lechuga iceberg rallada
- 4 aceitunas rellenas de pimiento

INSTRUCCIONES:
a) Coloque una rejilla en el tercio superior del horno y precaliente la parrilla del horno.
b) Retire los tallos de los champiñones y deséchelos.
c) Coloque las tapas de los champiñones con las branquias hacia arriba y use un cuchillo afilado para quitarlas por completo (de modo que las tapas queden planas).
d) Coloque las tapas de los champiñones en una bandeja para hornear, unte todo con 1 cucharada de aceite y espolvoree con ¼ de cucharadita de sal.
e) Ase hasta que las tapas estén tiernas, volteándolas a la mitad, de 4 a 5 minutos por lado. Dejar enfriar por completo.
f) Batir el vinagre, el pepperoncini, el orégano, la cucharada de aceite restante y un poco de pimienta negra molida en un tazón pequeño.

MONTAR LOS SÁNDWICHES
g) Coloque una tapa de champiñón, con el lado cortado hacia arriba, sobre una superficie de trabajo. Doble 1 trozo de queso provolone para que quepa encima de la tapa y repita con 1 rebanada de jamón y 1 rebanada de salami.
h) Cubra con 1 rodaja de tomate y aproximadamente 2 cucharadas de lechuga. Rocíe con un poco de vinagreta de pepperoncini. Sándwich con otra tapa de champiñones y asegúrelo con un palillo ensartado con una aceituna. Repita con los ingredientes restantes para hacer 3 sándwiches más.
i) Envuelva cada sándwich hasta la mitad en papel encerado (esto ayudará a recoger todos los jugos) y sirva.

49. Masa Madre, Provolone, Pesto

INGREDIENTES:
- ½ taza de Aceite de Oliva Virgen Extra
- 8 rebanadas de pan de masa madre
- ¼ de taza de pesto
- 16 lonchas finas de queso provolone
- 12 lonchas finas de prosciutto
- 4 pimientos rojos enteros asados, cortados en juliana

INSTRUCCIONES:

a) Calienta tu parrilla Panini según las instrucciones del fabricante.

b) Unte pesto sobre cada mitad del pan antes de poner la mitad del queso, el prosciutto, las tiras de pimiento y el queso restante sobre la mitad inferior y cerrarla para hacer un sándwich.

c) Pon un poco de mantequilla encima y cocina este Panini en la parrilla precalentada durante unos 4 minutos o hasta que el exterior esté dorado.

50. Jamón y queso picantes gourmet

INGREDIENTES:
- 2 croissants grandes
- 4 lonchas de jamón
- 4 rebanadas de queso suizo
- 1 cucharada de mostaza Dijon
- 1 cucharada de miel
- 1 cucharada de mantequilla sin sal
- Perejil fresco picado (opcional)

INSTRUCCIONES:

a) Precalienta el horno a 375°F.

b) Corta los croissants por la mitad a lo largo.

c) Unte ½ cucharada de mostaza de Dijon en la mitad inferior de cada croissant.

d) Cubra la mostaza con 2 lonchas de jamón y 2 lonchas de queso suizo.

e) Rocíe ½ cucharada de miel sobre el queso.

f) Cierra el croissant con la mitad superior.

g) Derrita ½ cucharada de mantequilla en una sartén antiadherente a fuego medio.

h) Coloque los croissants en la sartén y cocine durante 1-2 minutos por lado, o hasta que el queso se derrita y los croissants estén dorados.

i) Transfiera los croissants a una bandeja para hornear.

j) Hornee en el horno precalentado durante 5 a 7 minutos, o hasta que los croissants estén completamente calientes.

k) Retirar del horno y dejar enfriar por un minuto.

l) Espolvoree perejil picado sobre los croissants, si los usa.

m) ¡Sirve y disfruta de tu delicioso Croissant Caliente Gourmet de Jamón y Queso!

51. cubanos

INGREDIENTES:
- 4 rollos de héroe (6 pulgadas)
- ¼ de taza (½ barra) de mantequilla sin sal, a temperatura ambiente
- 4 cucharaditas de mostaza Dijon
- ¼ taza de mayonesa
- ½ libra de queso suizo en rodajas finas
- 1 taza de pepinillos encurtidos escurridos o pepinillos encurtidos en rodajas finas
- ½ libra de paleta de cerdo asada sobrante en rodajas finas
- ½ libra de prosciutto cotto en rodajas finas

INSTRUCCIONES:
a) Unte con mantequilla el pan. Corta los panecillos por la mitad horizontalmente. Unte el exterior de cada mitad con mantequilla. Colóquelo en una bandeja para hornear, con el lado cortado hacia arriba.

b) Prepara el sándwich. Unte la parte inferior de cada rollo con 1 cucharadita de mostaza y la parte superior de cada rollo con 1 cucharada de mayonesa. Corta las rodajas de queso por la mitad y divídelas entre las bases de los panecillos. Cubra con una capa de pepinillos, cerdo asado y jamón. Cubrir con las tapas enrollables.

c) Asa los sándwiches. Calienta una sartén grande de hierro fundido a fuego medio-bajo hasta que esté caliente. Trabajando en tandas, si es necesario, transfiera con cuidado los sándwiches a la sartén. Cubrir con papel de aluminio y colocar una olla grande y pesada encima.

d) Cocine, presionando ocasionalmente la olla, durante 4 a 5 minutos, hasta que el fondo esté dorado y crujiente.

e) Voltee los sándwiches y reemplace el papel de aluminio y la olla pesada.

f) Cocine de 4 a 5 minutos, hasta que el segundo lado esté dorado y el queso esté completamente derretido. Transfiera a una tabla de cortar y corte los sándwiches por la mitad en ángulo.

g) Transfiera a platos para servir y sirva.

52. Sándwiches calientes de fogata

INGREDIENTES:
- Paquetes de panecillos pequeños o 2 docenas de panecillos Kaiser
- 1½ libras de jamón rallado
- ½ bloque de queso Velveeta rallado
- 7 huevos duros cortados en cubitos
- 3 cucharadas de mayonesa

INSTRUCCIONES:

a) Combine todos los ingredientes y rellene los panecillos.

b) Envuelva cada sándwich en papel de aluminio individualmente y caliéntelo sobre una fogata durante unos 15 minutos.

PLATO PRINCIPAL

53. Pollo y queso chisporroteantes

INGREDIENTES:
- 2 pechugas de pollo (4 onzas)
- 2 cucharadas de ajo picado
- 2 cucharadas de perejil picado
- 1 cucharadita de chiles rojos triturados
- ¼ cucharadita de pimienta negra
- ¼ cucharadita de sal
- 4 cucharadas divididas de aceite de oliva
- 1 pimiento verde en juliana
- 1 pimiento rojo en juliana
- 1 cebolla amarilla en juliana
- 4 tazas de puré de papas cocidas
- ½ taza de queso blanco chihuahua rallado
- 2 rebanadas de queso americano

INSTRUCCIONES:
a) Golpee las pechugas de pollo hasta que tengan un grosor uniforme.
b) En una bolsa con cierre, combine el ajo, el perejil, los chiles, la pimienta, la sal y 2 cucharadas de aceite de oliva.
c) Coloque las pechugas de pollo en la marinada y refrigere durante 2 a 4 horas.
d) En una sartén de hierro fundido a fuego medio, calienta el aceite de oliva restante y saltea el pollo.
e) las pechugas durante 5 minutos por lado hasta que alcancen un color marrón dorado. Retirar de la sartén.
f) Saltee los pimientos y la cebolla durante 2 a 3 minutos, hasta que estén al dente. Retirar de la sartén.
g) Calienta una sartén de hierro fundido al fuego hasta que esté muy caliente. Coloque el puré de papas en la sartén,
h) luego agregue el queso, los pimientos y la cebolla.
i) Pon el pollo encima de las patatas. Cocine hasta que esté completamente caliente. Sirva desde la sartén caliente.

54. Fajitas de pollo

INGREDIENTES:
- 1 cucharada de maicena
- 2 cucharaditas de chile en polvo
- 1 cucharadita de sal
- 1 cucharadita de pimentón
- 1 cucharadita de azúcar
- ¾ cucharadita de cubo de caldo de pollo triturado
- ½ cucharadita de cebolla en polvo
- ¼ cucharadita de ajo en polvo
- ¼ cucharadita de pimienta de cayena
- ¼ cucharadita de comino
- 2 pechugas de pollo grandes sin piel
- ½ taza de pimiento verde picado
- ½ taza de cebolla blanca picada
- 2 cucharadas de condimento para fajitas de McDonald's
- 2 cucharadas de agua
- ½ cucharadita de vinagre blanco
- ¼ de cucharadita de jugo de lima, del concentrado
- 2 rebanadas de queso americano auténtico
- 4 tortillas de harina de 8"
- aceite de cocina

INSTRUCCIONES:

a) Corte el pollo en tiras pequeñas, de no más de dos pulgadas de largo y de aproximadamente ¼ de pulgada de grosor.

b) Combine el condimento para fajitas con agua, vinagre y jugo de limón en un tazón pequeño.

c) Marina el pollo en la mezcla anterior, tapado y refrigerado, durante un par de horas.

d) Cocine las tiras de pollo marinadas en un wok a fuego medio hasta que se doren. (conserve la marinada) Use aceite de cocina para evitar que se pegue.

e) Agregue el pimiento verde y la cebolla y sofría durante aproximadamente 1 minuto.

f) Agregue el resto de la marinada y saltee hasta que "se escape" el líquido.

g) Vierta ¼ de la mezcla en el centro de una tortilla de harina y agregue ½ rebanada de queso americano.

h) Espolvorea con una pizca de tu condimento para fajitas premezclado.

i) Dóblalo como un burrito con un extremo abierto y envuélvelo en una hoja de papel encerado de 12×12. Déjalo reposar durante 5-7 minutos.

j) Cocínelos en el microondas, todavía envueltos, durante 15 segundos cada uno. (por separado)

55. Pastel de carne con queso

INGREDIENTES:
- 2 libras. Carne molida
- 1 taza de pan rallado
- 2 huevos
- 1 taza de queso americano rallado
- ¼ taza de salsa de tomate
- 1 cucharada de salsa inglesa
- 1 cucharadita de sal
- ½ cucharadita de pimienta negra

INSTRUCCIONES:

a) Precalienta el horno a 350°F.

b) En un tazón, combine la carne molida, el pan rallado, los huevos, el queso americano rallado, el ketchup, la salsa inglesa, la sal y la pimienta. Mezclar bien.

c) Transfiera la mezcla a un molde para pan engrasado y presione hacia abajo para distribuir uniformemente.

d) Hornee durante 1 hora o hasta que el pastel de carne esté bien cocido.

e) Cubra con queso americano rallado adicional y regrese al horno durante 5 a 10 minutos o hasta que el queso se derrita y burbujee.

56. Filete A La Parrilla Con Mantequilla De Queso Azul

INGREDIENTES:
- 4 filetes de chuletón
- 4 cucharadas de mantequilla, ablandada
- ¼ taza de queso azul desmoronado
- ¼ taza de queso americano rallado
- 1 cucharadita de salsa inglesa
- Sal y pimienta para probar

INSTRUCCIONES:
a) Precalienta una parrilla o sartén a fuego alto.
b) Sazone los filetes de chuletón con sal y pimienta.
c) En un tazón, combine la mantequilla ablandada, el queso azul desmenuzado, el queso americano rallado y la salsa inglesa. Mezclar bien.
d) Ase los filetes durante 4-5 minutos por lado a fuego medio.
e) Cubra cada filete con una cucharada de mantequilla de queso azul y deje que se derrita sobre el filete.

57. Pechugas De Pollo Rellenas Con Queso

INGREDIENTES:
- 4 pechugas de pollo deshuesadas y sin piel
- 1 taza de queso americano rallado
- ¼ taza de perejil fresco picado
- Sal y pimienta para probar
- 1 cucharada de aceite de oliva

INSTRUCCIONES:
a) Precalienta el horno a 375°F.
b) Con un cuchillo afilado, corte un bolsillo en cada pechuga de pollo.
c) En un tazón, combine el queso americano rallado, el perejil picado, la sal y la pimienta. Mezclar bien.
d) Rellena cada pechuga de pollo con la mezcla de queso y asegúrala con palillos.
e) Calienta el aceite de oliva en una sartén grande apta para horno a fuego medio-alto. Dorar las pechugas de pollo por todos lados.
f) Transfiera la sartén al horno precalentado y hornee durante 20 a 25 minutos o hasta que el pollo esté bien cocido y el queso se derrita y burbujee.

58. Cazuela De Pollo Y Brócoli Con Queso

INGREDIENTES:
- 2 tazas de pollo cocido y desmenuzado
- 2 tazas de brócoli picado
- ¼ taza de mantequilla
- ¼ de taza de harina para todo uso
- 2 tazas de leche
- 2 tazas de queso americano rallado
- Sal y pimienta para probar
- ½ taza de pan rallado

INSTRUCCIONES:
a) Precalienta el horno a 350°F.
b) En un tazón grande, combine el pollo cocido desmenuzado y el brócoli picado. Mezclar bien.
c) En una cacerola, derrita la mantequilla a fuego medio. Incorpora la harina hasta que quede suave.
d) Incorpora poco a poco la leche y continúa cocinando, revolviendo constantemente, hasta que la mezcla espese.
e) Agregue el queso americano rallado hasta que se derrita y quede suave. Condimentar con sal y pimienta.
f) Vierta la salsa de queso sobre la mezcla de pollo y brócoli en el tazón. Mezclar bien.
g) Transfiera la mezcla a una fuente para hornear engrasada de 9x13 pulgadas.
h) Cubra con pan rallado.
i) Hornee durante 25-30 minutos o hasta que la cazuela esté caliente y burbujeante.

ENSALADAS Y ACOMPAÑAMIENTOS

59. Patatas asadas con queso

INGREDIENTES:
- 3 patatas Russet, cada una cortada en 8 gajos a lo largo
- 1 cebolla, finamente segmentada
- 2 cucharadas de aceite de oliva
- 1 cucharada de perejil fresco picado
- ½ cucharadita de ajo en polvo
- ½ cucharadita de sal
- ½ cucharadita de pimienta molida gruesa
- 1 taza de queso cheddar rallado o queso Colby-jack

INSTRUCCIONES:
a) En un plato grande, mezcle los gajos de papa, la cebolla, el aceite, el perejil, el ajo en polvo, la sal y la pimienta.
b) Colóquelos en una fuente para asar de aluminio en una sola capa.
c) Cubra con un segundo molde de aluminio para formar un paquete. Refuerce el borde sellado del paquete con papel de aluminio.
d) Colóquelo en la parrilla a fuego moderado; cocine durante 40 a 50 minutos o hasta que estén tiernos, agitando el paquete periódicamente y girándolo boca abajo a la mitad de la cocción.
e) Saque la tapa; cubra con queso.
f) Tape y cocine de 3 a 4 minutos más hasta que el queso se derrita.

60. Ensalada César con Crutones de Queso Americano

INGREDIENTES:
- 1 cabeza de lechuga romana, picada
- ½ taza de queso parmesano rallado
- ¼ de taza de aceite de oliva
- 2 cucharadas de mostaza Dijon
- 2 dientes de ajo, picados
- 1 cucharada de salsa inglesa
- Sal y pimienta para probar
- 4 rebanadas de queso americano, cortadas en cubos pequeños
- 4 rebanadas de pan, cortadas en cubos pequeños

INSTRUCCIONES:

a) Precalienta el horno a 350°F.

b) En un tazón grande, combine la lechuga romana picada y el queso parmesano rallado. Mezclar bien.

c) En un tazón pequeño aparte, mezcle el aceite de oliva, la mostaza de Dijon, el ajo picado, la salsa inglesa, la sal y la pimienta.

d) Vierta el aderezo sobre la mezcla de lechuga y revuelva bien.

e) Extienda los cubitos de queso americano y los cubitos de pan en una bandeja para hornear.

f) Hornea durante 10-15 minutos o hasta que el queso se derrita y los cubos de pan estén crujientes.

g) Agregue los picatostes de queso a la ensalada y revuelva bien antes de servir.

61. Ensalada De Patatas Con Queso Americano Y Tocino

INGREDIENTES:
- 2 libras de papas, peladas y picadas en trozos pequeños
- ½ taza de mayonesa
- ¼ de taza de crema agria
- ¼ de taza de cebollas verdes picadas
- ½ taza de tocino cocido picado
- 1 taza de queso americano rallado
- Sal y pimienta para probar

INSTRUCCIONES:

a) Hervir las patatas picadas en una olla grande con agua con sal hasta que estén tiernas.

b) Escurre las patatas y déjalas enfriar a temperatura ambiente.

c) En un tazón grande, combine la mayonesa, la crema agria, las cebollas verdes picadas, el tocino cocido picado, el queso americano rallado, la sal y la pimienta. Mezclar bien.

d) Agrega las papas enfriadas al bol y mezcla hasta que estén cubiertas con el aderezo.

e) Enfríe la ensalada de patatas en el frigorífico durante al menos 1 hora antes de servir.

62. Maíz Asado con Queso Americano y Lima

INGREDIENTES:
- 4 mazorcas de maíz, sin cáscara
- 2 cucharadas de aceite de oliva
- ½ taza de queso americano rallado
- 1 lima, cortada en gajos
- Sal y pimienta para probar

INSTRUCCIONES:

a) Precalienta la parrilla a fuego medio-alto.

b) Unte las mazorcas de maíz con aceite de oliva y espolvoree con sal y pimienta.

c) Ase el maíz durante 8 a 10 minutos o hasta que esté tierno y ligeramente carbonizado, volteándolo ocasionalmente.

d) Retire el maíz de la parrilla y espolvoree con queso americano rallado.

e) Exprima rodajas de lima sobre el maíz antes de servir.

63. Ensalada Cobb con Queso Americano

INGREDIENTES:
- 4 tazas de ensalada de verduras mixtas
- 2 tazas de pechuga de pollo cocida y picada
- 4 huevos duros, picados
- 4 rebanadas de tocino cocido, desmenuzado
- 1 aguacate, cortado en cubitos
- ½ taza de tomates cherry partidos por la mitad
- ½ taza de queso azul desmoronado
- ½ taza de queso americano rallado
- Sal y pimienta para probar
- Aderezo ranch para servir

INSTRUCCIONES:

a) Coloque las verduras para ensalada mixtas en una fuente grande para servir.

b) Coloque la pechuga de pollo cocida y picada, los huevos duros, el tocino desmenuzado, el aguacate cortado en cubitos y los tomates cherry cortados por la mitad encima de las verduras.

c) Espolvorea el queso azul desmenuzado y el queso americano rallado sobre la ensalada.

d) Sazona la ensalada con sal y pimienta al gusto.

e) Sirva la ensalada con aderezo ranch a un lado.

64. Ensalada De Queso Americano Y Brócoli

INGREDIENTES:
- 4 tazas de floretes de brócoli picados
- ¼ de taza de cebolla morada picada
- ½ taza de mayonesa
- ¼ de taza de crema agria
- 1 cucharada de vinagre de manzana
- 1 cucharada de miel
- ½ cucharadita de ajo en polvo
- ½ taza de queso americano rallado
- Sal y pimienta para probar

INSTRUCCIONES:

a) En un tazón grande, combine los floretes de brócoli picados y la cebolla morada picada.

b) En un recipiente aparte, mezcle la mayonesa, la crema agria, el vinagre de sidra de manzana, la miel y el ajo en polvo.

c) Vierta el aderezo sobre la mezcla de brócoli y revuelva para cubrir.

d) Espolvorea el queso americano rallado sobre la ensalada.

e) Sazona la ensalada con sal y pimienta al gusto.

65. Ensalada De Manzana Y Queso Americano

INGREDIENTES:
- 4 tazas de ensalada de verduras mixtas
- 1 manzana, en rodajas
- ¼ de taza de almendras rebanadas
- ¼ de taza de arándanos secos
- ½ taza de queso americano rallado
- Sal y pimienta para probar
- Vinagreta balsámica para servir

INSTRUCCIONES:

a) Coloque las verduras para ensalada mixtas en una fuente grande para servir.

b) Coloque la manzana en rodajas, las almendras en rodajas y los arándanos secos encima de las verduras.

c) Espolvorea el queso americano rallado sobre la ensalada.

d) Sazona la ensalada con sal y pimienta al gusto.

e) Sirve la ensalada con vinagreta balsámica como acompañamiento.

PIZZA Y PASTA

66. Pizza de pepperoni y albahaca

INGREDIENTES:
- Masa para pan y pizza sin amasar, ½ libra
- Aceite de oliva virgen extra, una cucharada
- Queso provolone, una taza, rallado
- Tomates cherry, 2 tazas
- Queso mozzarella, una taza, rallado
- Tomates triturados enlatados, ¾ taza
- pepperoni en rodajas, 8 piezas
- 1 diente de ajo, picado o rallado
- Sal kosher y pimienta recién molida
- Albahaca fresca, para decorar

INSTRUCCIONES:
a) Extienda la masa sobre una superficie ligeramente espolvoreada con harina.
b) Mueva suavemente la masa a la bandeja preparada.
c) Coloque encima la mozzarella y el queso provolone junto con los tomates triturados.
d) Extiende el pepperoni por encima.
e) Combine los tomates cherry, el ajo, el aceite de oliva, la sal y la pimienta.
f) Distribuir equitativamente sobre la pizza.
g) Hornee de 10 a 15 minutos a 450°F.
h) Ponga encima hojas de albahaca fresca.
i) Cortar y disfrutar.

67. Lasaña de peperoni

INGREDIENTES:
- ¾ libra de carne molida
- ¼ cucharaditas de pimienta negra molida
- ½ libra de salami, picado
- 9 fideos para lasaña
- ½ libra de salchicha de pepperoni, picada
- 4 Tazas de queso mozzarella rallado
- 1 cebolla picada
- 2 tazas de requesón
- 2 latas (14,5 onzas) de tomates guisados
- 9 rebanadas de queso americano blanco
- 16 onzas de salsa de tomate
- Queso parmesano rallado
- 6 onzas de pasta de tomate
- 1 cucharadita de ajo en polvo
- 1 cucharadita de orégano seco
- ½ cucharaditas de sal

INSTRUCCIONES:
a) Fríe el pepperoni, la carne, la cebolla y el salami durante 10 minutos. Retire el exceso de aceite. Ingrese todo en su olla de cocción lenta a fuego lento con un poco de pimienta, salsa y pasta de tomate, sal, tomates guisados, orégano y ajo en polvo durante 2 horas.
b) Encienda su horno a 350 grados antes de continuar.
c) Hierve la lasaña en agua con sal hasta que esté al dente durante 10 minutos, luego retira toda el agua.
d) En su fuente para hornear, aplique una capa ligera de salsa y luego coloque capas: ⅓ de fideos, 1 ¼ de taza de mozzarella, ⅔ de taza de requesón, rebanadas de queso americano, 4 cucharaditas de parmesano, ⅓ de carne. Continúe hasta que el plato esté lleno.
e) Cocine por 30 minutos.

68. Queso Macarrones Con Queso

INGREDIENTES:
- 1 libra de macarrones con codo
- Una pizca de sal y pimienta negra
- 12 onzas de queso americano, blanco
- 8 onzas de queso cheddar, extra fuerte
- 6 Cucharadas. de mantequilla sin sal
- 6 Cucharadas. de harina para todo uso
- 4 tazas de leche entera
- 2 latas de 8 onzas de tomates y chiles verdes, cortados en cubitos
- 1 lata de 8 onzas de chiles verdes, suaves
- ½ taza de hojas de cilantro, frescas y picadas en trozos grandes
- 1 taza de chips de tortilla, triturados
- ½ cucharadita. de chile en polvo

INSTRUCCIONES:
a) Primero, calienta el horno a 425 grados.

b) Mientras el horno se calienta, cocina la pasta en una olla con agua según las INSTRUCCIONES del paquete. Una vez cocida la pasta, escurrir y reservar.

c) En un tazón mediano, agrega el queso americano y el queso cheddar. Revuelva bien para mezclar.

d) Coloque una olla grande a fuego medio. Agrega la mantequilla sin sal. Una vez que la mantequilla esté derretida, agrega la harina. Batir hasta que quede suave y cocinar por 1 minuto. Agrega la leche y bate para mezclar. Continúe cocinando por 8 minutos o hasta que tenga una consistencia espesa.

e) Agrega los tomates y los chiles enlatados. Cocine por 2 minutos antes de retirar del fuego.

f) Agregue 4 tazas de la mezcla de queso y revuelva bien hasta que tenga una consistencia suave.

g) Agrega la pasta cocida y el cilantro. Mezcle bien para mezclar y sazone con una pizca de sal y pimienta negra.

h) Transfiera esta mezcla a una fuente para hornear grande engrasada.

i) Agrega los chips de tortilla, el chile en polvo y la taza restante de queso en un tazón pequeño. Mezcle bien para mezclar y espolvoree sobre la pasta.

j) Coloque en el horno para hornear durante 12 a 15 minutos.

k) Retirar y servir con una guarnición de cilantro.

69. Sándwich de desayuno de macarrones con queso

INGREDIENTES:
- 1 libra de macarrones cocidos
- 8 huevos grandes
- Sal y pimienta para probar
- ¼ taza de mantequilla sin sal
- 4 muffins ingleses, partidos y tostados
- 4 lonchas de jamón cocido
- 4 rebanadas de queso americano

INSTRUCCIONES:
a) En un tazón grande, mezcle los huevos, la sal y la pimienta.
b) Derrita la mantequilla en una sartén grande a fuego medio.
c) Agregue los macarrones cocidos a la sartén y revuelva para combinar.
d) Vierta los huevos batidos sobre los macarrones en la sartén.
e) Cocine los huevos y los macarrones, revolviendo ocasionalmente, hasta que los huevos estén revueltos y cuajados.
f) Para armar los sándwiches, coloque una rebanada de jamón y una rebanada de queso americano en la mitad inferior de cada muffin inglés.
g) Vierta la mezcla de huevo y macarrones sobre el queso y el jamón.
h) Cubra con la mitad restante del muffin inglés y sirva.

70. Macarrones con coliflor y brócoli

INGREDIENTES:
- 2 tazas de floretes de coliflor
- 1 onza de queso americano cortado en trozos
- ¾ taza de leche de coco
- 1 taza de queso cheddar, rallado
- 8 onzas de macarrones con codo
- 2 tazas de floretes de brócoli
- 3 tazas de agua
- ½ cucharadita de sal

INSTRUCCIONES:
a) Agrega agua, macarrones, coliflor, brócoli y sal en la olla instantánea y revuelve bien.
b) Selle la olla con tapa y cocine a temperatura alta durante 4 minutos.
c) Libere la presión utilizando el método de liberación rápida y luego abra la tapa.
d) Configure la olla instantánea en modo saltear. Agrega el queso americano, la leche de coco y el queso cheddar. Revuelva bien y cocine por 5 minutos.
e) Servir y disfrutar.

71. Macarrones con coliflor y brócoli

INGREDIENTES:
- 2 tazas de floretes de coliflor
- 1 onza de queso americano cortado en trozos
- ¾ taza de leche de coco
- 1 taza de queso cheddar, rallado
- 8 onzas de macarrones con codo
- 2 tazas de floretes de brócoli
- 3 tazas de agua
- ½ cucharadita de sal

INSTRUCCIONES:
a) Agrega agua, macarrones, coliflor, brócoli y sal en la olla instantánea y revuelve bien.
b) Selle la olla con tapa y cocine a temperatura alta durante 4 minutos.
c) Libere la presión utilizando el método de liberación rápida y luego abra la tapa.
d) Configure la olla instantánea en modo saltear. Agrega el queso americano, la leche de coco y el queso cheddar. Revuelva bien y cocine por 5 minutos.
e) Servir y disfrutar.

72. Linguini con Salsa de Queso

INGREDIENTES:
- ½ taza de yogur natural bajo en grasa
- 1 huevo crudo
- ⅓ taza de requesón 99% sin grasa
- Sal o sal con sabor a mantequilla
- Pimienta
- ½ cucharadita de orégano o condimento para pizza
- 3 onzas de queso suizo, rallado grueso
- ⅓ taza de perejil fresco picado

INSTRUCCIONES:
a) Sobre los linguini calientes, agregue rápidamente el yogur y luego el huevo para espesar.
b) Luego agregue los ingredientes restantes.
c) Pon la olla a fuego muy lento hasta que el queso se derrita.

73. ñoquis de queso al horno

INGREDIENTES:
- 3 cuartos de agua
- 9 tazas de leche
- 2 cucharadas de sal kosher
- 1 cucharadita de nuez moscada fresca rallada
- 6 tazas de polenta
- 1 taza de mantequilla sin sal
- 3 tazas de queso parmesano
- ¾ taza de tocino cocido
- ¾ taza de perejil
- ⅓ taza de cebolletas
- 18 huevo
- 1 cucharada de pimienta blanca recién molida
- 9 tazas de queso suizo
- 1 taza de aceite de oliva
- 1 cucharada de canela molida

INSTRUCCIONES:
a) Combine agua, leche, sal y nuez moscada en una cacerola a fuego moderado.
b) Reduzca el fuego, agregue muy lentamente la polenta y continúe revolviendo hasta que espese.
c) Retire del fuego y agregue la mantequilla, el parmesano, el tocino, el perejil, las cebolletas, los huevos y la pimienta negra.
d) Mezcle bien y vierta en una bandeja para hornear, hasta un espesor de ¼ de pulgada.
e) Cortar en rodajas de 2 pulgadas con un cortador de galletas.
f) Retire las rondas y colóquelas en una bandeja para hornear untada con mantequilla y cubra cada ronda con 1 cucharada de queso suizo rallado.
g) Rocíe con aceite de oliva.
h) Hornee a 350 grados hasta que estén crujientes y doradas.
i) Adorne con canela molida y sirva caliente.

74. Pizzas fáciles y rápidas

INGREDIENTES:
- 1 libra de carne molida
- 1 libra de salchicha de cerdo molida fresca
- 1 cebolla, picada
- 10 onzas de queso americano procesado, en cubos
- 32 onzas de pan de centeno cóctel

INSTRUCCIONES:
a) Configure su horno a 350 grados F antes de hacer cualquier otra cosa.
b) Calienta una sartén grande y cocina la salchicha y la carne hasta que se doren por completo.
c) Agrega la cebolla y cocina hasta que esté tierna y escurre el exceso de grasa de la sartén.
d) Agregue el queso procesado y cocine hasta que el queso se derrita.
e) En una bandeja para hornear galletas, coloque las rebanadas de pan y cubra cada rebanada con una cucharada colmada de la mezcla de carne.
f) Cocine todo en el horno durante unos 12-15 minutos.

SOPAS Y SOPAS

75. Sopa Derretida De Atún

INGREDIENTES:
- 0,75 onzas de mantequilla
- 12.50 onzas de cebollas blancas, picadas
- 18.75 onzas de papas, rojizas, peladas y cortadas en cubitos
- 1 c/u. Base de sopa de crema, bolsa de 25.22 onzas, preparada
- 1,25 libras. Queso americano procesado, en cubos
- 2 libras. Atún en aceite escurrido
- Según sea necesario Sal kosher
- Según sea necesario Pimienta
- La cantidad necesaria Tomate picado

INSTRUCCIONES:
a) En una olla grande, a fuego medio, derrita la mantequilla y saltee las cebollas. Saltee las patatas durante 5 minutos. Agrega la Base de Sopa Crema y el queso a la olla. Reduzca a fuego lento y cocine a fuego lento hasta que las patatas estén tiernas y el queso se derrita. Agrega el atún y cocina por 10 minutos más. Pruebe y ajuste la sazón.
b) Adorne con tomate.

76. Sopa De Patata Dorada

INGREDIENTES:
- 3 tazas de papas peladas y en cubos
- ½ taza de apio picado
- ½ taza de cebolla picada
- 1 cubo de caldo de pollo
- 1 taza de agua
- 1 cucharadita de perejil seco
- ½ cucharadita de sal
- 1 pizca de pimienta negra molida
- 2 cucharaditas de harina para todo uso
- 1 ½ tazas de leche
- 1 ½ tazas de queso americano rallado
- 1 taza de jamón picado

INSTRUCCIONES:

a) Agregue hojuelas de perejil, agua, caldo de pollo, cebolla, apio y papas en una olla grande. Sazone con pimienta y sal, luego deje cocinar a fuego lento hasta que las verduras estén suaves.

b) Mezclar la leche y la harina en otro bol. Una vez bien mezclado, agréguelo a la mezcla de sopa y cocine hasta que la sopa espese.

c) Agregue el jamón cocido o la hamburguesa y el queso y cocine a fuego lento hasta que el queso se derrita.

77. Sopa De Fideos Con Verduras

INGREDIENTES:
- 3-½ tazas de leche
- 1 paquete (16 onzas) de vegetales congelados de mezcla de California
- ½ taza de queso americano procesado en cubitos (Velveeta)
- 1 sobre de mezcla de sopa de pollo con fideos

INSTRUCCIONES:
a) En una cacerola grande, calienta la leche hasta que hierva. Incorpora las verduras y calienta hasta que hierva.
b) Baja el fuego; cubra y cocine a fuego lento durante 6 minutos.
c) Incorpora el queso y la mezcla para sopa. Vuelva a calentar hasta que hierva. Baja el fuego.
d) Cocine a fuego lento sin tapar durante 5 a 7 minutos, o hasta que el queso se derrita y los fideos se ablanden, revolviendo de vez en cuando.

78. Sopa de albóndigas con queso

INGREDIENTES:
- 1 libra de carne molida magra
- 1 huevo
- ¼ de taza de mezcla LC para empanizado y corteza
- 1 cucharadita de sal
- 1 cucharadita de orégano
- 1 cucharada. perejil picado
- ½ cucharadita de ajo en polvo
- ½ cucharadita de pimienta negra molida
- para la acción
- 2 tazas de caldo de res
- ½ pimiento verde mediano cortado en cubitos
- ½ pimiento rojo mediano cortado en cubitos
- 1 tallo de apio, cortado en cubitos
- ½ taza de cebolla morada, picada
- 5 champiñones grandes, cortados en cubitos
- Salsa de queso:
- 4 cucharadas Agua
- 4 cucharadas Crema espesa
- 4 cucharadas Manteca
- 8 rebanadas de queso americano

INSTRUCCIONES:

a) Coloque en un tazón la carne, el huevo, la mezcla para empanizar, la sal, el orégano, el perejil, el ajo y la pimienta, y mezcle bien para combinar. Forme bolas de 2 pulgadas y reserve.

b) Coloque en la olla instantánea el caldo de res, los pimientos verdes y rojos, el apio, la cebolla y los champiñones y revuelva para combinar.

c) Coloca las albóndigas en caldo.

d) Coloque y cierre la tapa y ajuste manualmente el tiempo de cocción en 10 minutos.

e) Cuando queden 3 minutos en el cronómetro, combine en un recipiente apto para microondas con el agua, la crema, la mantequilla y el queso americano.

f) Calienta la salsa de queso en el microondas durante 2 a 3 minutos hasta que se mezcle, revolviendo cada 30 segundos.

g) Libere rápidamente la presión y agregue la salsa de queso.

h) Servir caliente.

79. Sopa de verduras y jamón de invierno

INGREDIENTES:
- 3 papas medianas, peladas y cortadas en trozos de ¼ de pulgada
- ½ taza de cebolla picada
- 1 taza de agua
- ¾ cucharadita de sal de cebolla o cebolla en polvo
- ½ cucharadita de pimienta
- ⅛ cucharadita de sal
- 2 gotas de salsa picante estilo Luisiana
- ½ taza de jamón cocido en cubos (trozos de ¼ de pulgada)
- 1 taza de coles de Bruselas frescas o congeladas, en cuartos
- 1-½ tazas de leche
- ¾ taza de queso Colby-Monterey Jack rallado, cantidad dividida

INSTRUCCIONES:

a) Hervir agua con las patatas y la cebolla en una cacerola grande. Baje el fuego y luego cubra con una tapa. Déjalo cocinar hasta que se ablande durante 10 a 12 minutos. Con el agua, triture las papas y agregue el pimiento, la sal de cebolla, la salsa picante y la sal. Dejalo descansar.

b) Saltee las coles de Bruselas con el jamón en una sartén antiadherente grande untada con aceite en aerosol durante 5 a 6 minutos hasta que las coles se ablanden. Incorpora la mezcla de patatas y luego vierte la leche. Deja que hierva y luego baja el fuego. Déjelo destapado mientras cocina a fuego lento hasta que esté completamente caliente. Revuelva mientras cocina durante 5 a 6 minutos.

c) Agregue suavemente la media taza de queso y déjelo derretir durante 2 a 3 minutos. Cubra con el queso sobrante.

80. Sopa De Pavo Con Acelgas

INGREDIENTES:
- 1 cucharada de aceite de canola
- 1 libra de muslos de pavo
- 1 zanahoria, cortada y picada
- 1 puerro, picado
- 1 chirivía, picada
- 2 dientes de ajo, picados
- 1 ½ cuartos de caldo de pavo
- vainas de anís de 2 estrellas
- Sal marina, al gusto
- ¼ de cucharadita de pimienta negra molida o más al gusto
- 1 hoja de laurel
- 1 manojo de albahaca tailandesa fresca
- ¼ de cucharadita de eneldo seco
- ½ cucharadita de cúrcuma en polvo
- 2 tazas de acelgas, cortados en pedazos

INSTRUCCIONES:

a) Presione el botón "Saltear" y caliente el aceite de canola. Ahora, dore los muslos de pavo durante 2 a 3 minutos por cada lado; reservar.

b) Agregue un chorrito de caldo de pavo para raspar los trozos dorados del fondo.

c) Luego, agregue la zanahoria, el puerro, la chirivía y el ajo a la olla instantánea. Saltee hasta que estén tiernos.

d) Agregue el caldo de pavo restante, las vainas de anís estrellado, la sal, la pimienta negra, la hoja de laurel, la albahaca tailandesa, el eneldo y la cúrcuma en polvo.

e) Asegure la tapa. Elija la configuración "Sopa" y cocine durante 30 minutos. Una vez que se complete la cocción, use un alivio de presión natural; Retire con cuidado la tapa.

f) Agregue las acelgas mientras aún estén calientes para que se marchiten las hojas. ¡Disfrutar!

81. Sopa de Rubén

INGREDIENTES:
- 10 onzas de mantequilla
- 30 onzas de cebollas blancas, picadas
- 30 onzas de pimiento morrón, verde, cortado en cubitos
- 1 c/u. Base de sopa de crema, bolsa de 25.22 onzas, preparada
- 5,25 onzas de mostaza Dijon
- 5 cuartos de base de carne, preparada
- 5 libras. Carne en conserva, cocida, desmenuzada
- 2,50 libras. Chucrut, enjuagado y bien escurrido
- 2,50 libras. Queso suizo, rallado
- Según sea necesario Crutones, pan de centeno
- Cantidad necesaria de queso suizo, rallado

INSTRUCCIONES:

a) En una olla grande, a fuego medio, derrita la mantequilla y saltee las cebollas y los pimientos hasta que estén tiernos. Agregue la base de sopa de crema, la mostaza y la base de carne y mezcle hasta que quede suave con un batidor de varillas.

b) Agregue la carne en conserva y el chucrut, revuelva y cocine a fuego lento durante unos 10 minutos. Agregue el queso suizo y caliente hasta que se derrita. Pruebe y ajuste la sazón.

c) Adorne con picatostes de pan de centeno y queso suizo adicional.

82. sopa de queso jalapeño

INGREDIENTES:
- 6 tazas de caldo de pollo
- 8 tallos de apio
- 2 tazas de cebolla picada
- ¾ cucharadita de sal de ajo
- ¼ cucharadita de pimienta blanca
- 2 libras de queso Velveeta
- 1 taza de chiles jalapeños cortados en cubitos
- CCrea agria
- Tortillas de harina

INSTRUCCIONES:

a) Corte en dados los tallos de apio, las cebollas y los jalapeños. Cortar Velveeta en cubos.

b) En una cacerola grande coloca el caldo de pollo, el apio, la cebolla, la sal de ajo y la pimienta blanca. Cocine a fuego alto durante 10 minutos, o hasta que la mezcla se reduzca y espese un poco.

c) En una licuadora o procesador de alimentos coloca el caldo y el queso. Haga puré hasta que la mezcla esté suave. Regrese la mezcla de puré a la cacerola y cocine a fuego lento durante 5 minutos. Agrega los pimientos cortados en cubitos y mézclalos bien.

d) Sirva con una cucharada de crema agria y tortillas de harina calientes.

POSTRE Y HORNEADO

83. Soufflé de fideos y champiñones

INGREDIENTES:
- 9 onzas de fideos
- 18 onzas de carne molida
- 1 lata de champiñones
- 7 tomates
- 1 puerro
- 1 paquete de lonchas de queso americano
- 1 paquete de lonchas de queso emmental
- 4 huevos
- 15 onzas de crema
- Cebollino congelado, al gusto
- 1 diente de ajo

INSTRUCCIONES:
a) Cortar los champiñones, los puerros y los tomates en rodajas.
b) Cocine los fideos en agua con sal como se indica.
c) Freír en aceite la carne molida con el puerro y los champiñones durante un rato y sazonar con sal, pimienta y ajo.
d) Coge un molde para soufflé y colócalo de la siguiente manera; fideos, tomates, queso, fideos, tomates, queso.
e) El formulario debe estar lleno sólo ¾ partes.
f) Mezcle los huevos, la nata, el cebollino, la pimienta y la sal y viértalo uniformemente. Hornear en horno a 200-220 C durante 45-50 minutos.

84. Conchas de tarta de queso

INGREDIENTES:
- ½ taza de manteca vegetal
- 5 onzas de queso americano para untar
- 1½ tazas de harina sin blanquear

INSTRUCCIONES:

f) Combine la manteca vegetal y el queso para untar en un tazón.

g) Incorpora la harina a la mezcla de queso con dos cuchillos hasta que esté bien mezclada.

h) Forme un rollo de 1¼ de pulgada de diámetro y 12 pulgadas de largo.

i) Envuelva completamente en papel encerado o film transparente.

j) Refrigere por 1 hora o más. Precaliente el horno a 375 grados F.

k) Saca la masa del frigorífico y desenvuélvela. Cortar en rodajas de ⅛ de pulgada de grosor.

l) Usando 12 moldes para muffins o moldes para tartas de 3 pulgadas, coloque 1 rebanada de masa en el fondo de cada uno.

m) Superponga 5 rebanadas alrededor del exterior de cada una.

n) Presiónelos suavemente para unirlos. Perfora la base y los lados con un tenedor.

o) Hornee de 18 a 20 minutos en el horno precalentado hasta que esté ligeramente dorado.

p) Deje enfriar en los moldes sobre una rejilla y retire con cuidado las cáscaras cuando estén frías al tacto.

85. Flan Habanero y Colby Jack

INGREDIENTES:
- 1 base de tarta de 9 pulgadas
- 1 taza de crema espesa
- ½ taza de leche entera
- ¾ taza de queso Colby jack rallado
- 4 huevos grandes
- 1 chile habanero, sin semillas y finamente picado

INSTRUCCIONES:

a) Precalienta el horno a 350°F. En un tazón grande, mezcle la crema, la leche, el queso Colby jack rallado, los huevos y el chile habanero finamente picado.

b) Vierta la mezcla en la base de tarta preparada y hornee durante 40-45 minutos o hasta que el centro esté listo. Dejar enfriar por completo antes de servir.

86. Tarta de patatas alpina

INGREDIENTES:
- 7 patatas grandes de Idaho
- 3 tazas de queso suizo, rallado
- 3 tazas de crema espesa
- 3 cucharaditas de ajo, picado
- 1 cucharada de sal
- 2 cucharaditas de pimienta negra, recién molida
- 1 cucharada de hoja de tomillo fresco, picada
- 1 cucharadita de mantequilla, ablandada
- Precalienta el horno a 300 grados F.

INSTRUCCIONES:

a) Pela las patatas y córtalas en rodajas de aproximadamente ⅛ de pulgada de grosor. Dejar de lado.

b) En un bol, combine las rodajas de papa, la mitad del queso rallado y la crema, el ajo, la sal, la pimienta y el tomillo. Mezclar hasta que esté bien mezclado.

c) Engrase un molde para pastel cuadrado de 9 pulgadas o una cacerola con mantequilla blanda en el fondo y los lados. Coloque la mezcla de papa en el fondo de la sartén y presione firmemente mientras agrega. Cuando la mezcla esté toda en la sartén, asegúrese de que esté bien compacta. Cubra con la mitad restante del queso.

d) Hornee en el horno precalentado hasta que la parte superior esté dorada, aproximadamente 1½ horas. Retira las patatas del horno y déjalas reposar 15 minutos antes de cortarlas. Cortar en cuadrados de 2 a 3 pulgadas.

87. Tartas de queso con hierbas

INGREDIENTES:
- ⅓ taza de pan rallado fino seco o zwieback finamente triturado
- Paquete de 8 onzas de queso crema, ablandado
- ¾ taza de requesón estilo crema
- ½ taza de queso suizo rallado
- 1 cucharada de harina para todo uso
- ¼ cucharadita de albahaca seca, triturada
- ⅛ cucharadita de ajo en polvo
- 2 huevos
- revestimiento en aerosol antiadherente
- crema agria de leche
- aceitunas maduras deshuesadas en rodajas o en tiras, caviar rojo
- pimiento rojo asado

INSTRUCCIONES:

a) Para la base, rocíe veinticuatro moldes para muffins de 1¾ de pulgada con una capa en aerosol antiadherente.

b) Espolvoree pan rallado o zwieback triturado en el fondo y los lados para cubrir.

c) Agite los moldes para eliminar el exceso de migas. Dejar de lado.

d) En un tazón pequeño para batidora, combine el queso crema, el requesón, el queso suizo, la harina, la albahaca y el ajo en polvo. Batir con una batidora eléctrica a velocidad media hasta que quede esponjoso.

e) Agrega los huevos; batir a velocidad baja hasta que se combinen. No batir demasiado.

f) Llene cada molde para muffins forrado con migajas con 1 cucharada de la mezcla de queso. Hornee en un horno a 375 grados F durante 15 minutos o hasta que el centro parezca firme.

g) Deje enfriar en moldes sobre rejillas durante 10 minutos. Retirar de las cacerolas.

h) Deje enfriar completamente sobre rejillas.

i) Para servir, unte la parte superior con crema agria. Adorne con aceitunas, caviar, cebollino y/o pimiento rojo y recortes de aceitunas.

j) Hornee y enfríe las tartas como se indica, excepto que no las unte con crema agria ni las cubra con guarnición.

k) Cubra y enfríe en el refrigerador por hasta 48 horas. Deje reposar las tartas a temperatura ambiente durante 30 minutos antes de servir.

l) Unte con crema agria y decore como se indica.

88. Tarta triple de champiñones

INGREDIENTES:
- 1 corteza de pastel refrigerada sin hornear
- 1 taza de champiñones shiitake frescos picados
- 1 taza de champiñones blancos o marrones frescos rebanados
- 1 taza de champiñones ostra frescos picados
- ¼ cucharadita de mejorana seca
- 2 cucharadas de mantequilla
- ¾ taza de queso gruyere rallado
- ¾ taza de queso suizo rallado
- ½ taza de tocino canadiense picado
- 2 huevos ligeramente batidos
- ½ taza de leche
- 1 cucharada de cebollino fresco cortado
- Tocino canadiense, cortado en tiras finas
- Cuñas, opcionales

INSTRUCCIONES:
a) Presione la masa en un molde para tartas de 9" con fondo removible. Haga una flauta; recorte uniformemente con la parte superior. Cubra con una doble capa de papel de aluminio; hornee a 450F. 8 minutos.
b) Retire el papel de aluminio y continúe horneando durante 4-5 minutos hasta que cuaje y se seque.
c) Encienda el horno a 375F.
d) Cocine los champiñones hasta que estén tiernos en mantequilla, de 4 a 5 minutos, hasta que el líquido se evapore.
e) Alejar del calor.
f) Licue gruyere, quesos suizos y tocino canadiense.
g) Agrega los champiñones, la leche, los huevos y el cebollino. Vierta sobre la base de tarta.
h) Hornee durante unos 20 minutos hasta que esté cuajado y dorado.
i) Dejar enfriar en un molde sobre una rejilla durante 10-15 minutos. Eliminar.
j) Córtelo en gajos y decore con gajos de tocino canadiense.

89. Flan Suizo y Perejil

INGREDIENTES:
- 1 base de tarta de 9 pulgadas
- 1 taza de crema espesa
- ½ taza de leche entera
- ¾ taza de queso suizo rallado
- 4 huevos grandes
- ¼ taza de perejil fresco picado

INSTRUCCIONES:

a) Precalienta el horno a 350°F. En un tazón grande, mezcle la crema, la leche, el queso suizo rallado, los huevos y el perejil fresco picado.

b) Vierta la mezcla en la base de tarta preparada y hornee durante 40-45 minutos o hasta que el centro esté listo.

c) Dejar enfriar por completo antes de servir.

90. Pastel de salchicha y jack

INGREDIENTES:
- 2 tubos de 8 onzas de panecillos refrigerados
- 2 paquetes de 8 onzas de salchichas para el desayuno para dorar y servir, doradas y en rodajas
- 4c. Queso Monterey Jack o Colby Jack rallado
- 8 huevos batidos
- 1-½ taza leche
- 2 cucharadas de cebolla picada
- 2 cucharadas de pimiento verde, picado
- ½ cucharadita sal
- ¼t. pimienta
- ¼t. Orégano seco

INSTRUCCIONES:
a) Separe cada lata de panecillos en forma de media luna en 2 rectángulos grandes. Coloque los rectángulos uno al lado del otro en un molde para hornear sin engrasar de 13"x9" para formar una corteza, cubriendo el fondo y la mitad de los lados del molde.
b) Presione para sellar perforaciones.
c) Coloca las salchichas sobre la base; espolvorear con queso. Combine los ingredientes restantes y vierta sobre el queso.
d) Hornee, descubierto, a 400 grados durante 20 a 25 minutos.

91. Capirotada Mexicana

INGREDIENTES:
- 4 tazas de agua hirviendo
- 2 tazas de azúcar moreno
- 1 diente entero
- 1 rama de canela
- ¼ taza de mantequilla
- 1 barra de pan con pasas, cortada en cubos
- 1 taza de pasas
- 1 taza de nueces picadas
- ¼ de libra de queso Monterey jack rallado
- ¼ de libra de queso Colby rallado

INSTRUCCIONES:

a) A un litro de agua hirviendo agregue azúcar morena, clavo, canela y mantequilla.

b) Cocine a fuego lento hasta que se forme un almíbar ligero, luego retire el clavo y la canela.

c) Corte 1 barra de pan con pasas en cubos y séquelo en un horno a 250F hasta que esté crujiente.

d) Enjuague 1 taza de pasas en agua caliente y luego escurra. En una fuente grande para hornear untada con mantequilla, coloque en capas continuamente los cubos de pan, las pasas, las nueces, el queso Monterey Jack y el queso Longhorn (cheddar-jack) hasta que se utilicen todos los ingredientes.

e) Vierta el almíbar caliente uniformemente sobre la mezcla de pan. Hornee en horno precalentado a 350F durante 30 minutos. Servir caliente o frío.

BEBIDAS Y CÓCTELES

92. Martini con vodka con infusión de queso

INGREDIENTES:
- 2 onzas de vodka con infusión de queso
- ½ onzas de vermú seco
- 1 rodaja de limón para decorar

INSTRUCCIONES:

a) Para preparar vodka con infusión de queso, combine 1 taza de queso americano rallado y 1 botella de vodka en un frasco con cierre hermético.

b) Deje que la mezcla se infunda durante 3-4 días, agitando ocasionalmente.

c) Cuele la mezcla a través de un colador de malla fina para eliminar las partículas de queso.

d) En una coctelera llena de hielo, combine el vodka con infusión de queso y el vermú seco. Agite bien y cuele en una copa de martini fría.

e) Adorne con una rodaja de limón y sirva.

93. Bloody Mary De Queso Asado

INGREDIENTES:
- 2 onzas de vodka
- 4 onzas de jugo de tomate
- 1 cucharadita de salsa inglesa
- 1 cucharadita de salsa picante
- 1 cucharadita de rábano picante preparado
- ½ onzas de jugo de limón
- Sándwich de queso asado para decorar

INSTRUCCIONES:

a) En una coctelera llena de hielo, combine el vodka, el jugo de tomate, la salsa inglesa, la salsa picante, el rábano picante preparado y el jugo de limón. Agitar bien.

b) Cuela la mezcla en un vaso lleno de hielo.

c) Adorne con un pequeño sándwich de queso asado y sirva.

94. Bloody Mary de queso azul y tocino

INGREDIENTES:
- 2 onzas de vodka
- 4 onzas de jugo de tomate
- 1 cucharadita de salsa inglesa
- 1 cucharadita de salsa picante
- 1 cucharadita de rábano picante preparado
- ½ onzas de jugo de limón
- Aceitunas rellenas de queso azul y tocino para decorar

INSTRUCCIONES:
a) En una coctelera llena de hielo, combine el vodka, el jugo de tomate, la salsa inglesa, la salsa picante, el rábano picante preparado y el jugo de limón. Agitar bien.
b) Cuela la mezcla en un vaso lleno de hielo.
c) Adorne con aceitunas rellenas de queso azul y una tira de tocino.

95. Chocolate caliente con queso

INGREDIENTES:
- 2 tazas de leche
- ½ taza de crema espesa
- 1 taza de queso americano rallado
- 2 cucharadas de cacao en polvo
- 2 cucharadas de azúcar
- 1 cucharadita de extracto de vainilla

INSTRUCCIONES:

a) En una cacerola, calienta la leche y la crema espesa a fuego medio.

b) Agregue el queso americano rallado y revuelva hasta que se derrita y se combine.

c) Agrega el cacao en polvo, el azúcar y el extracto de vainilla y revuelve hasta que estén bien combinados.

d) Servir caliente.

96. Batido Cremoso De Queso Americano

INGREDIENTES:
- 1 taza de leche
- ½ taza de yogur griego natural
- 1 plátano
- ¼ taza de queso americano rallado
- 1 cucharadita de miel

INSTRUCCIONES:

a) En una licuadora, combine la leche, el yogur griego, el plátano, el queso americano rallado y la miel.

b) Mezcle hasta que esté suave y cremosa.

c) Sirve en un vaso alto y disfruta.

97. Martini de manzana y queso cheddar

INGREDIENTES:
- 2 onzas de sidra de manzana
- 2 onzas de vodka
- 1 onza de jugo de limón
- 1 onza de jarabe de miel (proporción 1:1 de miel y agua)
- 1 onza de queso cheddar rallado
- Rodaja de manzana para decorar

INSTRUCCIONES:

a) En una coctelera llena de hielo, combine la sidra de manzana, el vodka, el jugo de limón, el almíbar de miel y el queso cheddar rallado.
b) Agitar bien.
c) Cuela la mezcla en una copa de martini fría.
d) Adorne con una rodaja de manzana y sirva.

98. Margarita de pomelo y queso

INGREDIENTES:
- 2 onzas de tequila
- 1 onza de jugo de toronja
- ½ onzas de jugo de lima
- ½ onzas de jarabe de miel (proporción 1:1 de miel y agua)
- 1 onza de queso americano rallado
- Rodaja de pomelo para decorar

INSTRUCCIONES:

a) En una coctelera llena de hielo, combine el tequila, el jugo de toronja, el jugo de lima, el almíbar de miel y el queso americano rallado. Agitar bien.

b) Cuela la mezcla en un vaso lleno de hielo.

c) Adorne con una rodaja de pomelo y sirva.

99. Toddy caliente con queso

INGREDIENTES:
- 1 taza de agua caliente
- ½ onzas de jugo de limón
- 1 cucharada de miel
- 1 rama de canela
- 1 onza de queso americano rallado

INSTRUCCIONES:

a)   En una taza, combine el agua caliente, el jugo de limón, la miel y la rama de canela. Revuelve para combinar.

b)   Agregue el queso americano rallado y revuelva hasta que se derrita y se combine.

c)   Retire la ramita de canela y sirva.

100. Fizz de whisky con queso azul

INGREDIENTES:
- 60ml de whisky
- 30 ml de sirope de agave (o sirope de azúcar natural)
- 30ml de crema de queso azul
- 30 ml de jugo de limón fresco
- 5 gotas de agua de azahar
- 1 clara de huevo
- refresco hasta arriba

INSTRUCCIONES:

a) Combine todos los ingredientes excepto el refresco en una coctelera.

b) Agite en seco durante 2 minutos. Agrega hielo y agita durante 30 segundos.

c) Colar en un vaso y dejar reposar durante unos 30 segundos.

d) Vierta agua con gas hasta la parte superior (la espuma dura subirá a la superficie)

CONCLUSIÓN

Esperamos que haya disfrutado de "EL MEJOR LIBRO DE COCINA DE QUESO AMERICANO" y que le haya inspirado a explorar el delicioso mundo del queso americano. Ya sea que haya probado todas las recetas de este libro o solo algunas, estamos seguros de que ha descubierto algunas formas nuevas y emocionantes de utilizar el queso en su cocina.

Recuerda que el queso es un ingrediente versátil que se puede utilizar en una variedad de platos, desde el desayuno hasta el postre. Y con tantos tipos diferentes de queso americano disponibles, las posibilidades son infinitas. Así que ¡sigue experimentando y diviértete en la cocina!

Nos gustaría agradecerle por elegir este libro y esperamos que le haya ayudado a descubrir los placeres de cocinar con queso americano. ¡Feliz cocina!